잊혀진 제국, 발해를 찾아서
발해고

발해고
잊혀진 제국, 발해를 찾아서

초판 1쇄 발행 2006년 11월 25일
초판 9쇄 발행 2020년 12월 20일

지은이　유득공
옮긴이　정진헌
펴낸이　이영선

편집　이일규 김선정 김문정 김종훈 이민재 김영아 김연수 이현정 차소영
디자인　김회량 이보아
독자본부　김일신 김진규 정혜영 박정래 손미경 김동욱

펴낸곳 서해문집 | 출판등록 1989년 3월 16일(제406-2005-000047호)
주소 경기도 파주시 광인사길 217 (파주출판도시)
전화 (031)955-7470 | 팩스 (031)955-7469
홈페이지 www.booksea.co.kr | 이메일 shmj21@hanmail.net

ⓒ정진헌, 2006
ISBN 978-89-7483-273-5　03900

이 도서의 국립중앙도서관 출판예정도서목록(CIP)은 서지정보유통지원시스템 홈페이지(http://seoji.nl.go.kr)와 국가자료공동목록시스템(http://www.nl.go.kr/kolisnet)에서 이용하실 수 있습니다.(CIP제어번호: CIP2006000142)

오래된 책방 11

잊혀진 제국, 발해를 찾아서

발해고

유득공 지음 · 정진헌 옮김

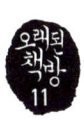

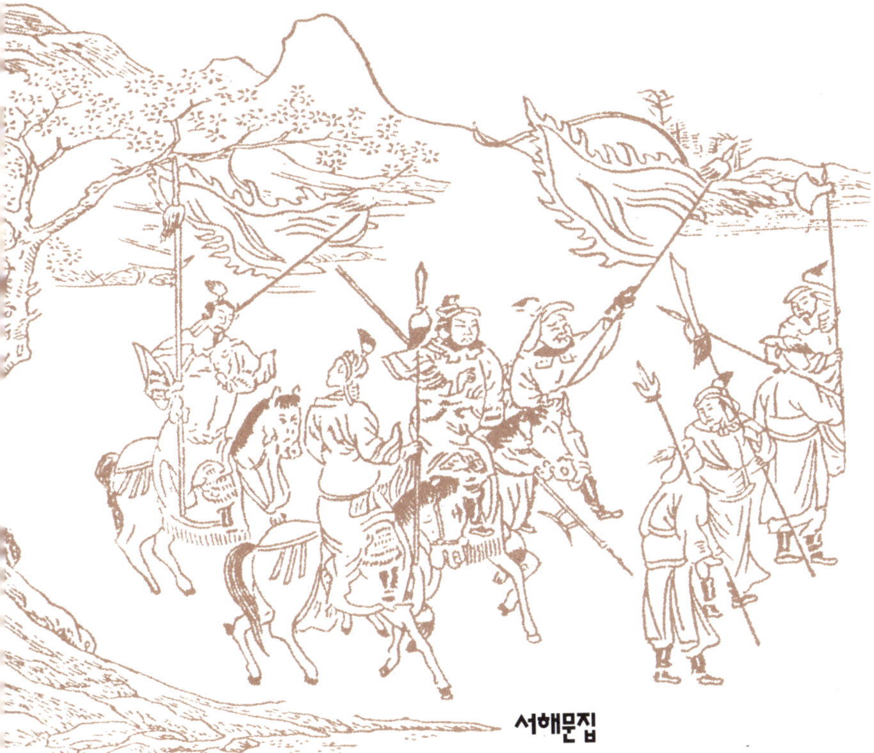

서해문집

글을 시작하기 전에

　존화주의에 입각한 중국의 대국주의적 팽창론이 겉으로 드러난 것이 바로 우리의 간담을 서늘하게 한 동북공정이다. 이는 이미 10여 년 전부터 그 싹이 있었다. 그들이 대륙에 산재한 발해의 유적이나 유물을 소개하는 글에는 발해는 당나라의 일개 지방봉건정권이라고 못 박아 놓았다. 그러나 발해에 대해서 본격적으로 체계적으로 연구하고, 발해가 당나라의 지방봉건정권이 아님을 세계 최초로 증명한 사서를 내놓은 사람이 영재 유득공이고, 그 책이 바로 『발해고』란 사실은 부정할 수 없을 것이다.

　『발해고』를 읽다 보면 곳곳에서 보이는, 실증을 위주로 하는 고증학자로서의 그의 예리한 주장은 오늘날에도 생생한 설득력을 가지고 있다. 이에 동북공정의 선두주자인 중국의 중견학자들은 유득공과 그 저서를 악랄하게 공박하는 데에 주력했다. 유득공의 저술을 미치광이의 넋두리로 몰아세운 그들의 비학자적 태도는 언급할 가치도 없다. 이런 상황에서 유득공의 『발해고』를 번역해서 독자 여러분께 선보이게 되어 참으로 다행으로 여긴다.

　이 책을 옮기면서 저본으로 삼은 것은 일제강점기에 조선광문회에서 간행한 『발해고』이다. 오자가 상당히 많은데도 이 판본이 더 널리 알려져 있어 이를 저본으로 삼았으며 다른 판본을 찾아서 대조 검색하여 완벽한 역주본으로 완성하도록 노력했다. 가급적이면 직역했으나 우리말로 해석하기에 곤란한 경우에는 의역을 하였다. 한자를 잘 모르는 젊은이들을 위해서 한자어는 가능한

한 한글로 썼다. 그리고 발해사를 연구하는 이에게도 도움이 되리라고 생각해서 지명이나 인명 등 꼭 필요한 경우에는 한자를 병기하였다.

2005년 12월
전주에서 정진헌이 쓴다

유득공과 『발해고』에 대하여

영재 유득공은 누구인가

영재 유득공은 영조 24년에 태어나 순조 7년에 죽었는데, 주로 활동한 시기는 정조 시대였다.

조선의 22대 국왕인 정조는 노론, 소론, 남인을 고루 등용하여 왕권을 강화하는 탕평책을 썼고, 국왕의 친위군인 장용영을 설치했다. 그리고 시전 상인 및 그들과 연계된 사람들의 경제적 독점을 막는 신해통공을 시행했고, 양반의 서얼들에 대한 차대를 완화한 서얼통청을 단행했다. 또 규장각을 설치해서 각종의 문화 출판 사업을 활발히 전개했으며, 초계문신제도抄啓文臣制度(상하문관 가운데서 문학에 뛰어난 사람을 뽑아 매월 강독, 제술을 시험 보게 한 제도로 관료들을 재교육하는 기능을 했다)를 시행했고 말년에는 화성을 수축하면서 계획도시로 수원을 조성하는 등 많은 치적을 이루었다.

이 시대는 실학 시대라고 할 만큼 여러 실학자가 활발히 활동했다. 그 가운데 홍대용을 비롯한 북학 사상가들의 활동이 특출했으므로 북학 시대라고도 할 수 있다. 특히 청의 황금기에 이룬 굉장한 출판 사업에 깊은 관심을 가진 정조의 배려로 중국의 발전된 문물을 수용하자는 북학자들의 활동은 종래의 어떤 실학사상가의 그것보다도 더 적극적이고 혁신적이었다.

이런 상황에서 유득공은 정조를 가까이서 모시면서 비록 서류庶流의 신분이었지만, 한문신사가, 북학자, 규장각 검서관 그리고 역사지리학자로서 뚜렷

한 활동을 했다.

　유득공은 유성구의 서자인 유삼익의 증손으로 태어나 도회지 서울에서 궁핍하지만 문필에 관한 일을 가업으로 삼는 기풍을 이어받았다. 그는 한백겸의 『동국지리지』를 읽고 그 감흥을 시로 읊은 『이십일도회고시二十一都懷古詩』를 저술했다. 이것은 단군 조선에서 고려 멸망까지의 역대 도읍지를 나열하여 시문을 쓰고 주석을 붙인 것이다. 이 작업을 통해 그는 한국사의 전개 과정을 개괄적으로 이해할 수 있었다.

　유득공은 한시에 대해서 남다른 실력을 인정받았다. 그의 수많은 시문은 그의 역사에 대한 해박한 지식과 문화에 대한 높은 조예로부터 우러나온 것이므로 문학적 가치가 높다. 그는 친구인 이덕무, 박제가 그리고 이서구와 더불어 동인지 『한객건연집韓客巾衍集』을 만들었는데, 그의 숙부 유련이 북경을 방문하여 그곳 문인들의 서평을 받음으로써 중국 문단에 이름이 알려졌다. 그 뒤로 국내에서도 유명해져서 이들 네 사람은 '한문후사가漢文後四家' 또는 '한문신사가漢文新四家'라고 불린다.

　1779년에 유득공은 이덕무, 박제가 그리고 서이수와 함께 규장각의 초대 검서관으로 임명되었다. 그는 단순히 사서의 역할만 한 것이 아니라 국왕 정조를 가까이서 모시면서 간혹 조언도 하여 대단한 신임과 후은을 받았다. 규장각에서 임무를 보게 된 뒤로 그는 이전과 다른 생활을 했다. 경제적으로 여유가

생겨 경행방[현재 서울의 낙원동 일대]의 초라한 집에서 교서관동[현재 서울의 명동과 저동 일대]의 큰 집으로 옮겼고 공무에 쫓겨 바쁘게 지냈다. 그는 정조의 배려로 평생 동안 검서관이라는 직함을 지녀 지방관이 되어도 국가 규모의 편찬 사업이 있으면 부름을 받곤 했다. 역대 어느 시대보다도 많은 편찬물이 출판되었던 정조 시대의 문화 사업의 실질적인 역할의 일부를 그가 담당했다.

그는 지방관으로서 탁월한 능력을 발휘하지는 못했다. 원칙을 강조하다가 사소한 일로 파직된 적도 있고, 토착 양반들과 알력을 빚기도 했다. 반면, 조적법[춘궁기에 영농자금을 곡식으로 빌려주고서 가을 수확 이후에 회수하는 제도]을 이용해서 많은 은정隱丁[요역을 피하기 위해 호적에서 누락된 사람]을 찾아내는 성과를 거두기도 했다. 20여 년을 관직에 있다가 마침내 종삼품직인 황해도 풍천 도호부사가 되었다.

유득공을 후원하던 정조가 죽고 순조가 12세의 어린 나이로 즉위하자 순조의 증조모, 즉 영조의 계비인 안동김씨 일가의 정순황후가 수렴청정을 했다. 이때부터 탕평책으로 은근히 정조의 도움을 받았던 남인들에게 사학邪學 즉, 천주교를 빌미로 해서 강력한 핍박이 가해졌다. 동시에 정조의 후원을 받은 북학파도 탄압을 받았다. 이로 인해 박제가는 1801년 이후로 유배 생활 이외에는 별다른 활동을 한 흔적이 없고, 박지원도 관직에서 물러나 죽을 때까지 어떤 일을 했는지 알려지지 않는다. 이 시기에 유득공은 이들과 아무런 교류도 없이 풍천부사에서 물러나, 웃어른을 모시고 자식들을 잘 키우는 것을 가

훈으로 삼고 한가로이 집에서 머무르면서 『사군지』와 『경도잡지』 등을 저술했다. 언행을 섣불리 했다가는 온전하지 못할 상황이었다. 그는 1807년에 질병으로 작고할 때까지 특별한 행적을 남기지 않았다.

그의 생애를 보면 서류라는 신분이 그의 활동에 큰 장애가 되지 않았음을 알 수 있다. 조선의 신분 제도는 엄격했기 때문에 비록 서류들은 신분적 제한 장치가 타파되어도 출세하기는 어려웠다. 그러나 국왕 정조가 그의 실력을 인정하고 친애하여 막중한 임무를 부여했으므로 신분이 그의 출세에 지장이 되지 않았다.

다른 북학자들과 마찬가지로 유득공도 중국 여행을 했다. 개인적인 여행이 아니라 정부의 지시에 따른 것이다. 첫 번째는 검서관으로 발탁되기 전에 심양으로 가는 위문사를 따라갔고, 두 번째는 심양을 거쳐 열하의 별궁을 방문하고 거기서 다시 북경으로 돌아온 이제까지 누구도 가지 않은 여로를 밟았다. 그는 이때의 견문을 『난양록』이라는 여행기로 남겼다. 마지막 세 번째 여행은 주자서를 구하라는 명령을 받고 북경으로 간 것이다. 주자서를 구하지는 못했지만 그의 견문은 훨씬 더 넓어졌다. 왜냐하면 이 시대의 북경 여행은 외부 선진 문물을 받아들이는 유일한 통로였기 때문이다.

유득공의 역사지리학과 역사 인식

검서관으로 임명되어 규장각에 소장된 많은 비서를 섭렵함으로써 그는 평소에 품었던 역사지리적 호기심을 해소할 수 있었다. 그 결과 이때까지 놓쳐 왔던 북방의 옛 땅에 대한 그의 관심이 발해 탐구로 이어졌고 마침내 그는 1784년에 『발해고』의 저술을 마쳤다.

유득공은 한사군의 역사에 대해서도 깊은 관심을 가져서 『사군지四郡志』를 집필했다. 유득공은 지리와 지명의 위치와 명칭을 정하는 비정比定에 비교적 과학적인 방법을 썼다. 그 방법은 군현은 옮겨지더라도 산천은 안 변한다는 원리에 의한 것이다. 물론 산천의 명칭은 변한다. 그러나 기록에 남은 방위와 주위 환경을 고려하면 산천의 비정이 설치와 폐지가 반복되는 군이나 현의 비정보다는 훨씬 더 쉽고 정확한 것임은 분명하다. 한편 언어에 대한 그의 소양을 고지명과 현재의 지명을 관련짓는 데에 충분히 활용했음을 확인할 수 있다. 지명을 비정하는 데 언어적 해석을 동원했다는 점은 눈여겨볼 만하다.

유득공은 『사군지』에 한사군(기원전 108년에 중국 전한의 무제가 위만 조선을 멸망시키고 그 땅에 설치한 네 개의 행정구역으로 낙랑군, 임둔군, 현도군, 진번군을 이르는데 뒤에 고구려에 병합되었다)과 관련된 자료뿐만 아니라 그 시대 이후에 남겨진 자취까지도 수렴했다. 이에 대한 그의 견해를 자세히 설명했는데 그 특이점들을 요약하면 다음과 같다.

그는 패수를 대동강이라고 했다. 물론 패수가 대동강이라는 것은 현재는 상식이 되었다. 그런데 패수를 이렇게 비정한 것이 옳으냐 그르냐보다 그가 그것을 비정하는 과정이 현대의 논증 방식과 유사하다는 것이 더 놀라운 점이다. 패수에 관한 종래의 세 가지 주장을 소개하고, 그 각각에 대해 틀렸음을 증명해 가는 비판 방법은 매우 합리적이다.

또한, 그는 평양이 왕검성이라는 종래의 주장을 비판했다. 왕검성 함락 당시의 사료를 동원하여 그 공격 방향에 따라 왕검성은 패수의 남쪽에 있어야 한다고 결론짓고, 현재의 평양은 패수의 북쪽에 있으므로 의문이라고 했다. 왕검성의 위치에 관해서는 지금도 논란이 있고 그 주장이 서로 근접하지 않은 경우도 있다. 유득공은 그곳이 대동강과 한강 사이의 어느 지점일 것이라고 했다. 앞으로 더 많은 고고학 발굴이 이루어지면 그 윤곽이 드러날 것이다.

한사군에 대한 그의 설명들 가운데는 종래 학자들의 견해와 다른 점이 몇 가지 있다. 그 가운데 특별히 주의를 끄는 것은 현도군과 구현도군으로 구분한 점이다. 그는 한사군 설치 때에 옥저성에 위치한 현도군을 구현도군이라 하고, 얼마 되지 않아 흥경 지방으로 옮긴 것을 현도군이라 했다. 그가 말하는 현도군은 진번군을 폐지한 뒤 그곳으로 옮긴 것을 말한다. 그래서 그는 이 현도군과 옥저성 일대를 병합한 낙랑군을 일컬어 2군 시대라 불렀다. 이런 변화 과정을 찾아낸 유득공은 이것을 사군병합이군四郡倂合二郡이라고 했다. 이 주장은 현재의 여러 주장들보다 더 합리적이고 간명하다. 그는 한사군의 변천 과정을

4군에서 현도군과 낙랑군의 2군으로, 2군이 다시 현도군과 낙랑군 그리고 대방군의 3군으로 나뉘었으며 결국에는 고구려, 백제, 신라의 삼국으로 이어진다고 했다.

그는 한사군이 삼국으로 이어지는 원인을 한인漢人에 대한 토착 세력들의 계속적인 저항과 압박으로 보았다. 그 결과 한국사는 단군 조선, 기자 조선, 위만 조선의 3조선 시대를 거쳐, 4군 시대, 2군 시대 그리고 3군 시대를 지나 삼국의 정립이 이루어졌다고 했다. 그 뒤는 그가 『발해고』에서 언급한 발해와 신라가 양립한 남북국 시대다. 그는 이후 발해가 멸망하고 고려가 개국되었지만 발해 영토의 대부분을 여진에게 넘겨주고 말았다고 했다. 이것은 고려도 엄밀한 의미에서 통일을 이루지 못했고, 조선은 고려의 뒤를 이었으므로 여전히 우리의 옛 판도를 모두 보유하지 못한 상태라는 것을 의미한다. 이런 그의 견해는 조선 후기에 한국사의 무대를 북방 만주 대륙으로 확대한 몇몇 사가의 역사 인식 체계의 바탕을 형성한 것이다.

현재 남한에서는 대개 신라가 삼국을 통일했다고 보지만, 북한에서는 신라의 통일을 인정하지 않고 그 시대를 남북국 시대로 보고 있다. 이 점은 유득공과 유사하나 엄밀히 보면 서로 다르다. 북한에서는 고려 시대에 비로소 통일이 이루어진 것으로 보고 있지만, 유득공은 조선 시대에도 통일이 이루어진 것이 아니라고 말한다. 이것이 유득공과 북한의 남북국론이 다른 점이다.

유득공의 북학 사상

끝으로 이러한 역사 인식을 편 실학자 유득공의 사유 체계를 살펴볼 필요가 있다. 북학 사상, 북학파 그리고 북학자의 '북학北學'이 무엇을 뜻하는지는 박제가의 『북학의北學議』자서自序에 자세히 언급되었다. 박제가는 북경에 갔다 와서 이 글을 썼는데 그 당시의 조선과 중국의 문물이 크게 차이가 나는 것을 목도하고 그 치유책을 제시하고자 이를 저술한 것 같다. 그는 『서경』의 문구를 원용하여 북학의 목표는 정덕正德인데 이용利用과 후생厚生을 그 방법으로 삼는다고 했다. 나아가 북학이라는 말이 『맹자』에 실린 진량陳良|초나라 사람으로 유학에 심취함을 설명하는 글에 연원이 있음을 밝히고, 이용후생이라는 방법은 발전된 한족의 중국 문화를 받아들이는 것이라고 했다. 그는 그런 주장을 편 실례로써 최치원과 조헌을 들었다.

요컨대 북학 사상은 이용과 후생을 통해 정덕이라는 유교적 이상 사회를 이룩하자는 것이다. 그리고 이를 위한 구체적이고 현실적인 방법으로 중국의 문물을 배워야 한다는 것이다. 예를 들면 중국에서 규격 벽돌을 만들고, 수레를 쓰며, 물이 스미지 않는 배를 만드는 기술, 그리고 상업을 장려하는 등의 제도들을 배우자는 것이다.

이에 관한 최근의 연구에 따르면, 당시의 중국 문물은 곧 여진족이 지배하는 청의 문물인데 북학자들이 청 문물을 받아들이자는 것은 숭명배청崇明排淸

의 북벌론北伐論을 주장했던 그의 부조父祖들을 정면으로 반대한 것이라고 했다. 이것은 북학자들의 주장을 피상적으로 파악했기 때문에 표출된 잘못된 주장이다.

북학자들은 심양이나 북경에 들르면 주로 한족 문사들과 사귀면서 마치 첩자처럼 아주 조심스럽게 청조의 정세와 변방의 난리에 대해 묻곤 했다. 또한 그들 모두는 병자호란의 전적지를 찾았을 때에 비분강개했으며, 심지어 북학을 하는 목적 가운데 하나가 부국강병을 이룩하여 청조를 무너뜨려 옛 원한을 갚자고 주장했다. 그러려면 먼저 쇠락한 조선 사회를 구제해야 하는데, 그 방책은 발전된 중국의 문물을 비판적으로 수용하는 것이라고 했다. 그런데 그들은 이 중국 문물을 여진족이 이룬 것이 아니라 한족漢族이 이룬 것으로 판단했다. 한마디로 말해, 북학은 쇠미해지는 조선 사회를 부흥시킬 기술 문명을 중국에서 배우자는 것이다. 그러므로 그들은 숭명배청의 북벌론을 배척한 것이 아니라 반드시 북벌을 이룰 수 있는 현실적 방안을 제시했다. 더구나 유교적 전통 사회에 철저한 유학자들인 북학자들이, 그들의 부조의 원한을 갚기는커녕 그 주장을 반대했다는 것은 있을 수 없는 일이다. 이 점은 유득공도 마찬가지다.

북학자의 일원인 유득공의 견해도 북학 사상에서 비롯된 것이다. 그 당시의 조선 사회에 대해서 유득공도 나름대로 파악한 바가 있었다. 그 예로서 그가 남양 앞바다의 섬에 사는 노파가 엿의 단맛만 알고 벌꿀이 그보다 더 달다는 사실을 몰랐음을 소개한 일화를 들 수 있다. 이것은 그의 주변에서 일어난 사소한 일이지만 시사하는 바가 많다.

내 말을 끄는 종의 어미는 남양 앞바다의 섬 여자다. 나이가 여든 살이 넘었다. 그 섬 여자는 그 아들을 찾아와 내 처를 만났다. 내 딸들이 그 노파에게 벌꿀을 주었다. 그러자 매우 놀라서 중문을 나가 그 아들에게 "내가 벌꿀을 먹었다. 일찍이 꿀이 달다는 말을 들었는데 엿보다는 못하다고 생각했다. 지금 맛을 보니 비교도 안 되게 달구나. 내가 지금 죽어도 한이 없다"고 말했다. 내가 퇴근하여 집에 오니 딸들이 웃으면서 이 말을 전했다. 나도 웃었다. 세상에 엿만 있는 줄 알고 벌꿀이 있음을 모르는 사람도 많다. 어찌 꼭 남양의 섬 여자만 그럴까? -『고운당필기古芸堂筆記』

남양 앞바다에 사는 여든 살 노파는 궁벽한 곳의 늙은 왕국 조선을 상징한다면, 엿의 단맛만 알고 벌꿀이 더 달다는 것을 모른다는 것은 중국이나 일본의 급격한 변화를 모른다는 것을 의미한다고 볼 수 있다. 한편, 그것은 조선 사회의 썩은 선비들이 눈과 귀를 막은 채 재래의 인습이나 지식만 맹종하고 격변하는 새로운 시대 상황을 받아들이지 못하는 상황을 암시했다고 할 수 있다. 늙고 견문이 좁은 남양의 섬 노파를 조선 사회의 대다수 선비들에 비유한 것이다.

유득공의 사회개혁안

　이런 현실 비판 의식을 가졌던 유득공은 어떤 사회개혁안을 펼쳤는지 살펴보자. 그의 저술들을 보면 동료 북학자들과는 달리 용차用車(수레 사용)와 성제城制(성의 제도)에 관한 견해를 짧게 표방했을 뿐 사회 제도에 관한 개혁안이라 소개할 만한 자료들은 거의 없다. 또한 1801년 8월에 그의 모친이 사망한 뒤로 1807년 그가 죽을 때까지의 행적을 알 수 없다. 이는 정세가 바뀌어 동료들이 처벌당하자 그는 몸을 보호하기 위해 그 동안 집필한 자료들 가운데 시대의 폐단과 관련된 개혁안들을 일부러 없앴기 때문으로 보인다. 따라서 불충분하지만 용차와 성제에 관한 그의 견해를 소개한다.

　먼저 「용차론用車論」을 보자. 수레를 쓰자는 용차를 북학자들만 주장한 것은 아니다. 여러 사람, 특히 중국을 견문한 사람들은 대개 용차론을 주장했다. 수레를 쓰면 길이 자연히 넓어질 것이고, 물자의 원활한 유통이 이루어져 물가조절뿐만 아니라 물자의 궁핍을 모면할 수도 있으며, 심지어 소와 말을 기르는 데도 이롭다고 했다. 국가를 사람의 몸이라 한다면 수레는 자양분을 담고 있는 혈액이고 도로는 혈관과 같이 중요한 것이라 생각했던 것이다.

　그러나 조선 시대는 거의 모든 기간에 걸쳐 공물貢物과 조세를 주로 배로 운반했다. 전국적으로 조운망漕運網이 갖추어졌고 중요한 교통의 요지에는 조창漕倉이 설치되었다. 한번에 약 2,000여 섬을 실을 수 있는 목선木船으로 미곡을 하천이나 해로로 옮겼다. 여기에는 국가에서 건조한 공선公船과 군선軍船도 동원되었으나 이 일을 담당한 것은 대부분 사선私船들이었다. 배 운반은 한번에 많은 양을 값싸게 옮길 수 있는 장점이 있지만 속도가 느리고 잘못하면 수장될 위험이 크다는 단점도 있다. 정조 시대에도 역시 세곡稅穀을 운반하는 도중에 침몰되거나 습기로 세곡이 썩는 등 그 피해는 막심했다. 그렇지만 이미 선운으로 생계를 삼는 사람들이 적지 않았기 때문에 쉽게 폐지할 수도 없었다. 이런 상황이 굳어져 수레의 사용은 보편화되지 않았다.

유득공은 중국의 차제車制와 지형에 따라 다른 수레 사용법을 소개하고, 우리나라에서 수레 사용이 보편화되지 않은 연원을 중국 강남에서 찾았다. 반면에 우리나라에서도 수레를 쓰는 예가 있음을 소개하고 서울에서 의주까지가 수레를 사용하기에 알맞으며 그 이로움도 있다고 했다. 이는 다음 인용문에 잘 나와 있다.

사람이 타는 것을 태평차太平車라 하고, 짐을 싣는 것을 대차大車라 한다. 그 바퀴살은 '兀' 자 모양으로 만들었다. 옛날의 수레는 바퀴가 돌고 굴대는 돌지 않았다. 지금의 수레는 굴대가 돌고 바퀴도 따라서 돈다. 언제부터 이러했는지 모르겠다. 일찍이 나는 강남 사람에게 "중국에서는 모두 수레를 씁니까?"라고 물었더니, 그는 "그렇지 않다"고 대답했다. "산동山東, 산북山北, 직예直隸 등은 말이나 노새에 수레를 걸고, 하남河南은 추차推車를 쓴다. 추차라는 것은 사람이 미는 것이다. 강남은 수레를 쓰지 않는다"고 했다. 강남은 왜 수레를 안 쓰느냐고 물으니 대답하기를, "강남에서는 잠깐이라도 배를 타고 통행하고 육로에는 가마가 있는데 어째서 꼭 수레를 쓰겠는가?"라고 했다. 그런즉 우리나라에서 수레를 쓰지 않는 것은 강남의 습속과 같다. 그렇지만 함흥 이북 지방과 해서海西의 장연長淵과 풍천豊川 등은 예부터 수레를 쓴다. 지금 서울에서 의주까지의 넓고 평평한 큰길은 참으로 수레를 쓸 수 있다. 그런즉 방물方物을 운반할 적에 민간인의 소를 징발하는 폐단을 없앨 수 있다.―『후운록後雲錄』

이 글은 박제가의 『북학의』에 실린 수레에 대한 언급과 대조가 된다. 박제가는 중국의 차제를 자세히 소개하고, 그 당시 조선에서 사용되는 각종 수레의 잘못된 점을 열거했다. 그리고 조선 지형의 특징을 설명하고 수레를 사용해 취할 수 있는 이점들을 구체적으로 밝혔으며 사람과 물자를 운반하는 각종 수단의 장단점들을 소개했다.

그런데 유득공이 만년에 쓴 「용차」라는 글에는 용차에 대해서 박제가와 다른 견해가 피력되었다. 중국에서는 수레를 잘 활용해서 큰 이득을 얻는 반면 조선에서는 그렇지 않은 근본적인 이유를 그는 밝혔다. 물론 지형과 전통의 차이 때문에 그러했을 것이나 유득공은 더 깊은 데서 그 원인을 찾았다. 그는 북경의 번화가에서 수레가 질서 있게 통행되는 것을 목도하자마자 서울에서는 그것이 불가능할 것임을 직감했다.

사람들 모두가 수레를 쓰는 것이 이롭다고 한다. 그러나 끝내 수레를 쓰는 것을 보지 못했다. 사람들의 말을 들어보면 "길 닦기가 어렵다. 선착장 만들기가 어렵다. 가게는 그 문을 높이고 뜰을 넓히기가 곤란하다"고 한다. 내 견해로는 이런 일들은 호령 한번으로 개선될 수 있는데 무엇이 어려운지 의문스럽다. 다만 우리나라는 체모를 가장 중시한다. 그래서 문관과 무관이 차등이 있어 말을 내리는데 갑자기 만나게 되면 좁은 길로 달아나서 피한다. 지금 만약 수레를 탄 사람을 하마下馬의 예법으로 꾸짖는다고 하면 자주 뛰어내려 숨는 불편이 있게 된다. 그런즉 안 타는 것만 못하니 어찌 수레를 타는 사람이 있을 것인가? 내가 북경에 갔을 때에 수레를 가진 사람이 먼저 거리에 들어가서 큰소리로 외쳐대니 비록 귀한 사람이라도 수레를 거리 입구 밖에서 멈추고 기다리는 데 조금도 애석하게 여기지 않는 것을 보았다. 이것은 그 앞과 뒤를 구별하는 행동이다. 우리의 습속은 업신여기기를 좋아하고 선후를 가리지 않고 길 한가운데서 서로 부딪혀서 말이 놀라고 수레바퀴의 축이 부러져 낭패를 본 뒤에야 그친다. 그런즉 어찌 수레를 가지겠는가? 제도는 고칠 수 있지만 풍속은 갑자기 바꿀 수 없을 것 같다.-『고운당필기』

그는 조선 사람들은 체면을 중시하기 때문에 수레의 통용이 안 된다고 했다. 좁은 길에서 두 대의 수레가 마주치면 서로 체모를 살려 양보하기는커녕 밀치고 가려다가 지체하기 일쑤여서 수레는 오히려 불편하므로 사용될 리가 없다는 말이다. 제도를 바꾸는 것은 쉽지만 체모를 중시하는 습속을 고치기가 어렵다고도 했는데, 이것은 탁견이다. 가족과 혈족의 유대는 중시하면서 다른 가문에 대해서는 백안시하는 가족 또는 혈족중심주의血族中心主義의 조선 시대에 체모를 중시하는 악습 때문에 수레의 사용이 불가능할 것이라고 본 것은 정확한 판단이다. 이처럼 유득공은 획일적이고도 단순한 물질이나 형식의 개혁을 의도하지 않고 문제의 근본을 확인하고 그 양태의 천차만별을 인정하는 정신이나 본질의 혁신을 도모했다.

성城의 제도에 대한 유득공의 견해를 살펴보자. 조선의 성은 방어용으로는 잘못된 점이 많다고 한 박제가와 마찬가지로 유득공도 성 내부의 구조가 잘못되었다고 지적했다. 그러나 축성하는 데는 벽돌만이 만능이고 돌은 그렇지 않다는 박제가의 의견과는 반대되는 주장을 폈다.

안팎 모두 큰 벽돌로 여장女墻|몸을 숨기고 적을 감시하거나 공격하기 위해 성 위에 낮게 쌓은 담을 겹겹이 설치했다. 장수는 망루에 앉아 있고, 군사들은 성에 오르면 싸워 죽든가 아니면 떨어져 죽는 것밖에는 달리 달아날 길이 없다. 성의 제도는 마땅히

이와 같아야 한다. 우리나라의 성은 돌을 쓰고 다만 바깥에만 큰 벽돌을 쓴다. 그 속은 비탈길이다. 수첩군守堞軍|성가퀴를 지키는 군사 및 군관들|이 칼로써 통솔해도 도망치는 것을 어쩌지 못한다. 어떤 사람은 말하기를 "석성石城은 벽돌로 지은 성과 같지 않다"고 한다. 이는 통론이 아니다. 일찍이 『도서집성』을 보니 사천성의 주와 현은 모두가 석성이다. 파촉산巴蜀山|사천성의 중도와 성도 일대에 있는 산은 험하고 돌이 많은데 이는 우리나라와 대략 같기 때문이다. 벽돌이나 돌을 얘기할 것이 아니라 제도의 좋고 나쁨을 물어야 할 것이다.

요컨대 반드시 벽돌을 써야 성이 성다운 것이 아니고 성의 구조가 더 중요하다는 말이다. 중국의 평원에서는 돌이 귀하므로 흙을 이용하여 벽돌을 구웠지만, 사천성과 마찬가지로 돌이 많은 우리나라에서는 굳이 그럴 필요가 없다는 것이다. 가마를 설치하고 흙으로 벽돌을 빚고 그리고 화력을 내기 위해 땔감이 많이 드는 점을 고려하면 자연의 돌을 가공해서 쌓는 석성이 훨씬 더 경제적이다. 더구나 땔감이 부족하고 목재나 선재船材가 부족해서 소나무를 베지 못하게 했던 금송절목禁松節目을 강력히 시행하자는 조선의 어려운 처지에 규격 벽돌의 제조는 상당한 비용이 든다. 그러므로 지형과 형편에 따라 축성 재료가 벽돌이 아닌 돌도 될 수 있다는 그의 견해는 외형적이고 물질 위주의 견해보다도 더 합리적이고 실용적이다.

유득공의 상대주의적 세계관

　유득공은 북학파의 중심 인물인 박지원의 영향을 많이 받았다. 그는 박지원의 「상기象記」를 매우 애호해서, "나는 일찍이 연암 박지원의 『열하일기』 가운데 「상기」를 세상에서 가장 기이한 글이라고 평했다. 지금 술을 마시면서 그 전편을 베끼며 읽고자 한다"고 말하기도 했다. 이는 그가 연암의 사상을 추종했다는 사실을 밝혀 주는 증거다.

　박지원은 북경의 선무문宣武門 안에 있는 상방象房|코끼리를 사육하는 묘|과 열하행궁熱河行宮|청나라 황제들이 여름철의 더위를 피해 머물던 산장. 베이징에서 북동쪽으로 250킬로미터 떨어진 열하에 있다|에서 코끼리를 보았다. 두 개의 상아와 그 사이에 있는 긴 코에 대해서 자세히 설명하면서 이기설理氣說에 대한 자신의 견해를 피력했다. 종래에는 인간과 사물들의 본성인 이理를 인간을 중심으로 설명하는 것이 보통이었는데, 그는 이것이 잘못임을 코끼리를 예로 들어 논리적으로 반박했다. 즉 사람들은 "뿔을 가진 것에는 이빨을 주지 않았다"라고 말하고 그것을 절대불변의 진리라고 믿지만, 이는 어디까지나 인간이 인간을 중심으로 판별한 것이지 사실이 아니라고 했다. 그 증거로 코끼리를 들었다. 뿔을 가진 짐승에게 이빨을 주지 않았다는 것을 진리라 한다면 코끼리의 쓸모없는 어금니나 긴 코를 짧게 하는 것이 좋은데, 왜 그렇게 하지 않았는지를 반문하여 종래의 자연 현상에 대한 인간 위주의 판단이 잘못임을 확인시켰다. 인간이 인간을

주위 환경의 주인으로 오판하고, 실체를 구명할 수 없는 이理를 들어 인간 중심으로 정리한 인식 체계를 공박한 것이다. 요컨대 코끼리만 보아도 기존의 인식이 적용되지 않는데, 그보다 더 큰 이 세상을 그런 좁은 인식 체계로는 파악할 수 없다는 것이다.

아무튼 종래의 인간 위주의 가치 평가와 인식 체계를 부정하고 인간과 사물들을 동등하게 보는 상대주의가 북학 사상의 중요한 밑바탕임을 알 수 있다. 바로 이 점이 유득공을 비롯한 북학자들과 그 당시에 풍미했던 낙학洛學의 연결 고리라고 판단한다.

그러면, 낙학이란 무엇인가? 송시열, 권상하, 한원진으로 이어지는 인물성이론人物性異論을 주장하는 호학湖學과 달리 김창협, 이간, 김창흡 등은 인물성동론人物性同論을 주장했는데 이를 낙학이라고 한다. 이들의 논쟁은 약 100년 동안 계속되었는데 이것이 소위 호락논쟁湖洛論爭이다. 그 내용을 보면 사물에 대한 인식론의 대립이었다. 즉 보편성과 연역론을 강조한 것이 호론이라면 개체성과 귀납론을 중시한 것이 낙론이다. 인성人性과 물성物性이 같다는 주장을 하는 낙론은 자연히 성인聖人과 범인凡人의 성性도 같다고 설명하며, 더 나아가 인간 위주의 사물관을 극복하고 삼라한 만상에 대해 동등한 가치를 부여하는 상대주의적 태도를 취했다. 그러므로 그들은 주리론主理論보다는 주기론主氣論의 입장에 섰다.

낙론洛論을 널리 확장시킨 사람은 김창협의 손자인 미호渼湖 김원행이다. 그의 수많은 제자 가운데 홍대용이 있고, 박지원과 같은 집안사람으로 박성원, 박필주 등이 있다. 또한 김석문의 천체설이 성효기와 성대중으로 이어졌는데 이들의 외가가 곧 김창협의 집안이다. 또한 홍대용과 유련의 학문이 이들과 유사한 점 등을 통해 북학과 낙학이 서로 연관되었음을 재차 확인할 수 있다. 그러므로 낙학의 기저인 인물성동론이 북학 사상의 근간을 이루었다고 생각한다.

이 인물성동론이 곧 상대주의적 사물관으로 발전하였으며, 나아가 그것은 이용후생을 통한 정덕의 성취라는 북학의 목표를 달성하는 데에 발전된 한족의 중국 문물을 수용하자는 북학자들의 실용적 견해로 이어졌다. 북학자들은 선조들의 명목적名目的 북벌론보다는 먼저 이용후생으로 부국강병을 이룩하자는 실천 방안을 주장한 것이다.

유득공도 이 주장을 추종하여 그의 저술 속에 그런 견해를 드러냈다. 특히 그의 주요 저서들에 담긴 내용들은 그 당시 대부분의 사람들이 소홀히 했던 것들이다. 그는 그것들이 실재했던 그대로 복원하려 했다. 필자는 이것이 북학 사상으로부터 발현된 것이라고 판단한다. 『발해고』와 『사군지』도 인물성동론에 근거를 둔 상대주의적 북학 사상에서 발로되었음은 물론이다. 왜냐하면 역사상 엄연히 실존했던 발해사와 한사군사를 그 이전에는 대부분의 사람들이 거의 손대지 않았는데도 불구하고 유득공은 여타의 역사보다도 이에 더 치중했기 때문이다.

유득공의 저술들

인물성동론에 근거한 상대주의를 근간으로 하고, 이용과 후생을 통하여 정덕 사회를 실현하고자 한 북학자 유득공은 당시의 상황을 명확히 인식할 필요를 느껴 기록을 자세히 남겼다. 또한 그는 공백으로 남겨진 역사를 정리하는 독특한 역사 문화 인식을 지녔다. 그 실례로 『경도잡지京都雜誌』를 들 수 있다. 이는 그가 살던 시대의 세시풍속을 설명한 것이다. 풍속과 세시로 구분하여 풍속에는 주로 그 당시 사대부들의 성장 과업을 순서대로 세밀히 소개하여 그들의 생활 모습을 확연히 드러냈고, 세시에는 음력 1월 1일부터 12월 30일까지 1년 동안의 절일節日에 행해지는 민속 행사들을 정리했다. 이 자료는 그 뒤의 학자들에게도 영향을 주었고, 현재 한국 민속학의 귀중한 자료가 되었다. 바로 이 점이 실학자 유득공의 면모를 돋보이게 한다.

사물의 원리를 새롭게 인식하여 재구성하려 한 북학자 유득공의 시선은 조선의 역사지리로도 쏠렸다. 그의 대표적인 저서 『발해고』와 『사군지』는 그 좋은 예다. 지금도 발해와 한사군시대에 관한 연구는 많지 않다. 그리고 현재의 연구 수준이 200여 년 전에 그가 이룬 업적과 비교해도 큰 차이가 없음을 보면, 그의 노력과 결실의 수준이 매우 높았음을 알 수 있다.

『이십일도회고시』와 『발해고』, 『사군지』를 썼다는 사실은 유득공이 당시 관심을 갖지 않았던 부분들에 많은 관심을 가졌던 것을 보여 준다. 이는 유득공이 그 시대의 어떤 유행이나 추세를 따르지 않고, 잃어버린 역사와 지역에 대한 진지한 문제의식에 따라 창의적인 작업을 했음을 알려 준다. 또한 『발해고』에 실린 박제가의 서문에서 지적된 바와 같이, 옛 고구려와 발해의 영역이었던 북방 고토故土를 상실함으로써 우리나라가 지정학적으로 쇠잔해질 수밖에 없었다는 사실의 근원을 역사 속에서 찾으려 했다고 본다.

위와 같은 작업을 하는 데에 그는 고증학의 방법을 원용하고, 현실 사회에 흘러 다니는 여러 지식도 방증의 자료로 동원하는 등 증명의 폭을 넓히는 새로운 연구 방법도 창안했다.

유득공의 『발해고』

유득공은 『발해고』를 저술하는 데 주로 『신당서』에 의존해서 그 사서에 실린 기사들을 있는 그대로 전재하고, 의문이 있으면 자신의 견해를 첨부했다. 그리고 발해사 전반에 대한 자신의 견해는 서문에서 남북국시대론으로 정리했다. 특히 그는 일찍이 당나라 때에 발해를 직접 방문한 당나라 관리 장건장과 그가 쓴 것으로 알려진 『발해국기』(현존하지는 않으나 『신당서』 등에 흔적이 남아 복원할 수 있다. 장건장이 발해에 1년간 머무르며 견문을 기록한 책이대의 존재를 확신하고, 그것을 저본으로 한 『신당서』를 주요 사료로 활용했다. 최근에 장건장 묘지가 출토되어 그의 역사를 보는 안목이 투철했음을 알 수 있다.

서문에 나타난 『발해고』의 저술 목적을 분석하면, 그는 지연과 인연 및 발해인의 자의自意에 따라 발해와 고구려의 연계성을 인식하여, 발해와 신라가 양립된 남북국 시대를 한국사 체계에 도입했으며, 역사서술의 유용성을 믿었고, 문헌이 인멸되는 위험을 막고, 연구가 안 된 공백 부분을 채우고자 하는 '보궐補闕'의 역사서술 방식에 의해 본격적이고도 체계 있게 발해사를 최초로 정리했음을 알 수가 있다.

다만 「군고」에서는 발해 14대 왕인 대위해大瑋瑎를 언급하지 않았는데, 이는 연구 자료가 부족하고 연구에 매진할 수 없었으며, 사실을 입증하기가 매우 어려웠던 그의 처지와 여건을 생각하면 있을 수 있는 일이었다. 또한 그는 누락되어 있던 흥요왕과 오사성 부유부 염부왕에 대한 기사들도 여기에 기재했다. 이것은 소위 북학 사상에 근거한 보궐의 역사서술 방식에서 기인된 것이지 그가 발해의 멸망 시기도 몰랐다고 지적하는 것은 잘못이다.

「신고」에는 사서에 나오는 발해인들을 망라했다. 일본에 파견된 발해의 사신들에 관한 일본 사서의 기록들을 전재했고, 발해 멸망 시에 성을 지켰던 이름없는 발해인들과 고려에 항복한 발해의 세자 대광현 등을 소개했다. 후자를 통해 그는 발해와 요, 그리고 발해와 고려의 친소 관계를 구분하여, 고구려와 발해 및 고려와의 연계성을 확인할 수 있는 증거로 삼았다.

「지리고」에서 유득공은 『신당서』 「발해전」의 5경 15부 62주의 편제에 따라 기술했는데, 여기서는 5경만을 언급하겠다. 발해의 5경에 대한 유득공의 언급을 정리하면 다음과 같다.

상경을 영고탑의 서남으로 비정하고 그 부근을 흐르는 홀한하 호이합하, 즉 지금의 목단강으로 보았다. 그의 주장은 1933년에 동경성 유적을 발굴한 결과 정확했음이 입증되었다. 중경은 이른바 구국舊國으로, 길림 오라성의 동남쪽에 있다고 보았다. 정효공주와 정혜공주의 묘지가 출토되어 구국을 돈화시로, 중경은 화룡으로 비정하는 현재의 주장과 비교하면 그의 견해는 상당한 근사치가 있다.

또한 그는 동경을 봉황성으로 비정했다. 이는 고구려의 책성부라는 기록에 의해 길림성 훈춘 일대로 추정하는 현재의 학설과 방향이 정반대로, 유득공의 주장이 잘못된 것이다. 현재 학계에서는 남경을 현재 함경남북도로 비정할 수 있는 옥저의 고지에 있었던 것으로 그 남쪽 경계는 신라와 접한 덕원, 즉 지금의 원산 일대로 본다. 그런데도 유득공은 이것을 지금의 해성현으로 잘못 비정했으며, 이와 관련된 신라도를 육로가 아닌 해로로 보았다. 그의 이런 잘못은 발해에 관한 사료가 부족하기 때문에 빚어졌다고 본다. 그러나 다행하게도 그는 만년에 쓴 『사군지』에서 잘못된 이 부분을 수정했다. 서경은 서경 압록부라는 명칭에 따라 압록강 부근으로 비정했다. 동시에 압록 조공도는 산동반도의 등주로 이어지는 해로로 보았는데 현재의 주장과 같다.

「국서고」를 비롯한 다른 고에도 그는 사서에 실린 기사들을 있는 그대로 옮기고 자신의 견해를 거의 피력하지 않았기 때문에 그의 견해를 파악하기는 어렵다. 하지만 「국서고」에서는 발해와 일본이 일찍부터 교류했다는 사실을 그가 중시했음을 알 수 있다. 「직관고」에는 『신당서』에 소개된 발해의 3성 6부 12사서 체제의 문직과 십위제로 된 무직을 열거했다. 종래에 잘못 기록되었거나 누락시켰다는 탁계부, 작부 그리고 창부는 조사 결과 사실이 아님을 알 수 있었다. 「의장고」, 「물산고」, 「국어고」는 너무 간략하다. 기사들의 대부분은 『신당서』에 실린 것이지만 「물산고」의 몇 개 기사는 『요사』에서 발췌된 것이다. 그는 연구 결과 확신이 있으면 『요사』와 같이 출처가 불분명하고 틀린 곳이 많기로 유명한 사료도 과감히 채택했다. 「의장고」에서는 장건장의 『발해국기』에서 인용된 기사를 게재했다. 「속국고」에 『송사』에 실린 정안국의 기사를 소개했다. 그는 정안국의 위치를 흥경과 봉황성 일대로 비정했다. 이에 대해서 현재 많은 사람들이 발해는 일찍이 속국이 없었음을 들어 잘못이라고 지적하는데, 속국을 지배, 종속의 좁은 뜻이 아닌 연속의 의미로써 보면, 유득공이 「속국고」에 정안국을 포함시킨 것을 틀렸다고 볼 수는 없다.

한국사의 판도를 확장한 『발해고』

유득공의 『발해고』의 저술에 대해 총괄적으로 평을 하자면, 그는 신라의 통일을 강조하여 한국사의 판도를 한반도로 위축시킨 종래의 역사 인식을 바꾸어, 우리 민족의 역사 무대를 발해의 영역이었던 만주 일대로 확대시켰다고 할 수 있다. 이런 그의 역사 인식은 서문에서 체계적으로 잘 발현되어 있다. 실재했으나 그 당시에는 거의 언급되지 않았던 잃어버린 발해사를 우리 역사 체계로 편입시킨 것으로서, 그의 상대주의에 입각한 북학 사상이 역사학에서 표출된 것이라고 판단한다.

중국이 동북공정을 추진하여 고조선, 부여, 고구려, 발해 등 약 2,000년의 역사를 왜곡하는 실정을 목도하니, 이 『발해고』의 가치가 한결 소중하게 보인다. 지금으로부터 약 200년 전에 아무도 미처 손대거나 언급하지 않았을 때에, 발해 연구의 기틀이 될 중요한 사료를 섭렵해서 정리한 점과 서문에서 우리 역사 속에서 발해의 위치를 평이하나 강력하게 '남북국'이라고 단언한 것은 유득공의 위대한 업적이다. 앞으로 그와 그의 저술을 깊이 탐구하여 우리 고대사의 새로운 사실과 체계를 밝힐 것을 다짐하면서, 의정부 송산에 있는 그의 묘소를 향해서 옷깃을 여민다.

일러두기

첫째 이 책은 고서간행위원회의 『발해고』를 대본으로 번역하였으며, 국립중앙박물관 소장본을 대조하였다.
둘째 전체적으로 표현은 쉽게 쓰고 정확히 하도록 노력하였다. 한자는 인명, 지명 등 꼭 필요한 경우에만 넣었고 가능한 한 한글로 풀어쓰고자 하였다.
셋째 맞춤법과 띄어쓰기는 '한글맞춤법'과 '표준어규정'을 따르고, 외국어 표기는 '외래어표기법'을 기준으로 하였으나, 지명과 인명에 있어서는 원문에 충실하게 한자 독음을 그대로 단 경우도 있다.
넷째 주는 역자의 주와 편집자의 주를 함께 달았으며, 간단한 주는 본문 중에 || 안에 넣었다. ●은 단어, ✳는 문맥에 대한 주다. 본문 중의 ( )는 유득공의 주다. 서명은 『』로, 편명이나 시, 논문 등은 「」로 표기하였다.
다섯째 현재 발해 연구의 상황으로 인명과 지명을 정확하게 비정할 수 없는 경우가 많다. 그래서 구체적인 지명과 인명, 관직명 등은 확인 가능한 것만 따로 설명을 넣었다.

차례

글을 시작하기 전에
유득공과 『발해고』에 대하여

박제가의 서문
유득공의 서문
인용한 문헌

발해의 역대 임금 君考 __ 043
발해의 신하들 臣考 __ 071
발해의 지리 地理考 __ 099
발해의 관직 職官考 __ 127
발해의 의장 儀章考 __ 137
발해의 특산물 物産考 __ 141
발해의 언어 國語考 __ 145
발해의 외교 문서 國書考 __ 149
발해의 후예 屬國考 __ 159

유득공 연보

박제가의 서문

박제가의 서문 이 글은 박제가의 『정유집』에 실렸다. 그래서 『발해고』의 원문에는 없다.

애양 현재 중국 요령성 단둥시 봉성만족자치현 애양진이다.

요양 현재 중국 요령성 태자하 중류의 요녕시이다.

요동 진秦나라의 군명으로 현재의 중국 요령성 심양의 동남 일대. 요하의 동쪽이란 의미. 대개는 발해와 서해 사이에 돌출한 요동 반도를 가리킨다.

연나라 주周나라의 제후국으로 소공召公 석奭이 시조다. 전국 칠웅의 하나인데 진나라에 멸망, 현재 하북성 일대에 있었다.

제나라 주의 제후국인데 진나라에 멸망되었고, 지금의 산동성 지방에 있었다.

나는 일찍이 서쪽으로 압록강을 건넜다. 애양襲陽에서 요양遼陽까지의 오륙백 리는 대체로 큰 산과 깊은 골짜기였다. 낭자산狼子山중국 요령성 양갑을 나오면 비로소 끝이 없는 평원이 보인다. 아득히 먼데 해와 달과 새들이 그 들판에서 오르고 내린다. 그러나 동북쪽을 돌아보면 많은 산들이 하늘을 빙 둘러서 땅을 막았는데 한일자를 그은 것처럼 뻗었다. 앞서 큰 산과 깊은 골짜기라고 한 것은 모두가 요동遼東 천 리의 바깥 울타리다. 이에 이것은 하늘이 막은 것이라고 하면서 탄식했다.

무릇 요동은 천하의 한 모퉁이다. 그러나 영웅과 제왕이 일어남은 여기보다 더한 곳이 없다. 대개 그 땅이 연燕나라와 제齊나라와 맞닿았으므로 중국의 형세를 엿보기가 쉽다. 그러므로 발해 대 씨는 올망졸망 흩어진 나머지 산 밖의 땅을 떼어 버

렸는데도 오히려 한쪽을 웅시하면서 천하를 상대하기에 충분했다. 고려 왕 씨가 삼한三韓|고려가 통합한 후삼국|을 통합했는데도 망할 때까지 압록강 밖으로 한 걸음도 감히 내딛지 못했다. 그런즉 산천을 할거함으로써 나타나는 득실을 대개 볼 수 있다.

무릇 부녀자들의 식견은 대들보를 넘지 못하고 어린이들이 가지고 노는 것은 겨우 문지방에 미친다. 그래서 그들은 정말로 담장 밖의 일들을 말할 수가 없다. 선비가 신라의 구주九州|구주오소경九州五小京의 구주 즉, 신라 전역| 안에 태어나 그 눈을 감고 귀를 막아서 또한 한·당·송·명이 흥기하고 패망하며 전쟁한 일을 모르는데 하물며 발해의 옛 일을 알겠는가?

내 친구 혜풍惠風|유득공의 아회| 유득공은 박학하고 시를 잘 지으며 장고掌故|어떤 사실에 대한 전례|에 능숙하다. 이미 그는 『이십일도시주二十一都詩註』*를 지어서 국내의 일을 자세히 했다. 그리고 이를 계속 추진해서 『발해고』를 썼는데, 인물, 군현, 세차 그리고 연혁을 다 상세하게 읽어서 여러 가지를 모았으니 반갑다.

고려가 고구려의 옛 영토를 수복할 수 없어서 신라와 낙랑의 터가 모호하게 되어 세상으로부터 스스로 단절되었다고 그는 한탄했다. 이 점에서 나는 이전의 견해와 서로 부합됨을 알았다. 그의 재주는 세상의 형세를 살필 수 있고 왕도王道*와 패도覇道*의 방략을 엿볼 수가 있다. 또한 특별히 한 나라의 문헌을 갖추었는데 어째서 호회*나 마령馬令*이 지은 글과 그 장단점을 견주겠는가? 그러므로 서문에 이처럼 논한다.

주상 전하 9년|1785, 정조 9년| 가을

이십일도시주 『이십일도회고시二十一都懷古詩』, 정조 2년|1778|에 일차 완성하고 만년에 다시 손을 댔다. 우리 역사상의 도읍지 21곳에 대하여 모두 43수의 칠언절구로 읊은 영사시이다.

왕도 임금의 나라를 다스리는 도리이다.

패도 무력이나 권모로 공리만을 탐내어 나라를 다스리는 것이다.

호회 송나라 금릉인金陵人이다. 전서와 예서를 잘 썼다. 한기韓琦의 명을 받아서 태학太學의 석경石經을 전서로 필사했다. 남당의 사적史跡과 시화詩話, 소설 따위를 모아 엮은 『남당서南唐書』를 편집했다.

마령 송나라 의흥인宜興人이다. 그는 『남당서南唐書』를 편집했는데 그 서법書法이 근엄하고 구차하지 않았다.

유득공의 서문

고려가 발해사를 짓지 않은 것을 보아, 고려가 부진했음을 알 수 있다. 옛날에 고 씨가 북쪽에 있었으니 곧 고구려요, 부여 씨가 서남쪽에 있었으니 백제요, 박 씨, 석 씨, 김 씨가 동남쪽에 살았으니 곧 신라다. 이것이 삼국이다. 삼국사가 있어야 마땅한데 고려가 이것을 지은 것은 옳다. 부여 씨가 망하고 고 씨가 망하자 김 씨는 남쪽을 차지했고, 대 씨는 그 북쪽을 차지하고서 이름을 발해라고 했는데, 이것이 남북국이다. 그러니 마땅히 남북국사가 있어야 하는데도 고려가 이를 쓰지 않았으니 잘못이다.

무릇 대 씨는 어떤 사람인가? 바로 고구려 사람이다. 그들이 가졌던 땅은 어떤 땅인가? 곧 고구려 땅으로 그 동쪽, 서쪽, 북쪽을 물리쳐서 크게 했을 뿐이다. 무릇 김 씨와 대 씨가 망하게 되자 왕 씨가 이를 통합해서 소유했으니 이것이 고려다. 그 남

유득공의 서문 원문에는 아무런 표시가 없으나 유득공의 『영재집』에 실렸으므로 이렇게 제목을 붙였다.

쪽으로는 김 씨의 땅을 모두 다 가졌다. 그러나 그 북쪽으로는 대 씨의 땅을 차지했지만 다 가지지 못했다. 어떤 곳은 여진으로, 또 어떤 곳은 거란에게 들어갔다.

　이때에 고려를 위한 계책은 마땅히 빨리 발해사를 지어 이를 가지고 가서 여진을 꾸짖어 '어째서 우리에게 발해 땅을 안 돌려주는가? 발해의 땅은 바로 고구려 땅이다' 라고 말하고는 장군 한 사람을 보내서 거두어 들였으면 토문土門[여기서는 두만강을 가리킴]이북 지방을 가질 수 있었다. 또한 이것을 가지고 가서 거란을 꾸짖어 '왜 우리한테 발해 땅을 돌려주지 않는가? 발해 땅은 곧 고구려 땅이다' 라고 말하고는 장군 한 명을 시켜서 이를 거두었으면 압록강 이서 지방을 차지할 수 있었다. 끝끝내 발해사를 짓지 않아서 토문 이북 지방과 압록강 이서 지방이 누구의 땅이 되었는지 몰랐다. 여진을 꾸짖고자 했으나 할 말이 없었고, 거란을 혼내려고 했지만 그 근거가 없었다. 고려가 끝내 약소국이 된 것은 발해의 땅을 갖지 못했기 때문이다. 참말로 한탄스럽구나!

　어떤 사람은 '발해가 요나라한테 멸망되었는데 고려가 무엇으로 발해사를 짓겠는가?' 라고 한다. 이것은 그렇지 않다. 발해는 중국을 본받았으니 반드시 사관史官[국왕의 언어와 행동을 기록하는 좌사左史와 우사右史]을 두었을 것이다. 홀한성忽汗城*이 함락되어 세자世子* 이하 고려로 도망쳐 온 사람이 10여 만 명이었다. 사관이 없었으면 반드시 그 사서가 있었을 것이다. 사관도 없고 사서도 없었다면 세자에게 물었으면 그 세계世系를 알 수 있었고, 은계종隱繼宗[고려로 귀화한 발해의 예부시랑]에게 물어 봤으면 발해의 예禮*를 알 수 있었으며, 그 10여 만 명에게 물었다면 발해에 대해서

홀한성 발해 멸망 때의 수도로 당시에는 상경성이라고 했다. 그 뒤를 이은 금나라 때에는 동경성이라고 했다. 현재 중국 흑룡강성 영안현 발해진에 소재한다.

세자 국왕의 대를 이을 왕자로 여기서는 고려로 귀화한 대광현을 가리킨다.

발해의 예 사람이 마땅히 지켜야 할 예법 등을 의미한다. 여기서는 넓은 의미로 쓰여서 발해의 문화와 문물을 의미한다.

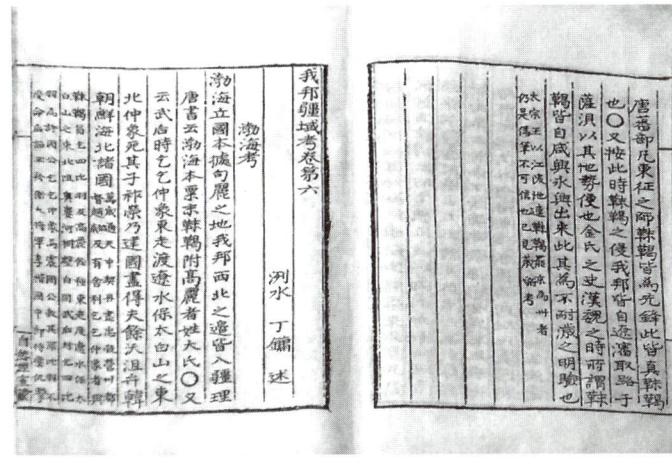

정약용 『아방강역고』 발해편

장건장 806-866. 그의 묘지명이 북경에서 1956년에 발견되어서 실존 인물로 판명되었다. 그는 유주의 관원으로 있다가 834년에 발해로 사행을 해서 그 다음해에 돌아왔다. 저서로는 『발해국기』 3권이 있다. 현재는 전하지 않는데, 그 내용이 『신당서』에 반영되었다고 본다.

군고 발해 역대 국왕의 치적과 관련된 사료를 열거하고 자신의 의견을 첨부했다.

신고 발해의 역대 신하에 관한 사료를 열거했다.

지리고 발해의 5경 15부 62주에 속한 지명을 차례로 열거하고 비정을 했다.

직관고 발해의 문관과 무관의 관직을 열거했다.

의장고 발해의 관복과 의식에 관한 자료를 열거했다.

물산고 발해의 특산물에 관한 사료들을 열거했다.

국서고 발해의 국왕들이 일본 국왕에게 보낸 외교문서들을 열거했다.

국어고 사료에 남은 발해의 언어를 나열했다.

속국고 발해에 예속된 나라가 아니라 그 후예에 관한 기사를 소개했다.

세가 역사서를 기록하는 사체의 하나인 기전체로 제후 등에 관한 기사를 모아 둔 것을 가리킨다.

는 다 알 수가 있었을 것이다. 오히려 장건장張建章●은 당나라 사람인데도 『발해국기渤海國記』를 지었는데, 유독 고려 사람으로서 발해사를 지을 수가 없었던가?

아, 문헌이 흩어져 없어져서 몇 백 년 뒤에 비록 발해사를 짓고자 하나 그럴 수 없을 것이다. 나는 내각內閣|규장각의 관원, 정조의 특채로 평생 겸직한 검서관|으로서 그 곳에 비장된 도서들을 많이 읽어서 발해의 사실들을 찬술하되 군고●, 신고●, 지리고●, 직관고●, 의장고●, 물산고●, 국서고●, 국어고●, 속국고● 등 모두 아홉 개의 고考로 했다. 세가世家●와 전傳● 그리고 지志●라고 안 하고 고考라고 한 것은 사서로서 체계를 못 이루었고, 또 감히 사史라고 자처하지 못하기 때문이다.

갑진년|1785, 정조 8년| 윤삼월 25일에 쓴다.

인용한 문헌

『구당서舊唐書』, 유구劉煦가 지음.

『신당서新唐書』, 송기宋祁가 지음.

『오대사五代史』, 구양수歐陽修가 지음.

『송사宋史』, 탈탈脫脫이 지음.

『요사遼史』, 탈탈이 지음.

『자치통감資治通鑑』, 사마광司馬光이 지음.

『삼국사三國史』, 김부식金富軾이 지음[삼국사기를 가리킴].

『고려사高麗史』, 정인지鄭麟趾가 지음.

『동국통감東國通鑑』, 서거정徐居正이 지음.

『속일본기續日本記』, 관야조신진도管野朝臣眞道가 지음.

『일본일사日本逸史』.

『통전通典』, 두우杜佑가 지음.

『통지通志』, 정초鄭樵가 지음.

『문헌통고文獻通考』, 마단림馬端臨이 지음.

『문헌비고文獻備考』.

『대명일통지大明一統志』.

『청일통지淸一統志』.

『성경통지盛京通志』.

『만성통보萬姓統譜』, 능적지凌迪知가 지음.

『영순태씨족보永順太氏族譜』.

『여지승람輿地勝覽』.

『전당시全唐詩』.

전 관료들에 관한 기전체 기록을 가리키는 열전을 말한다.

지 지리 식화 등의 사회 제도에 관한 기전체의 기록 부분을 가리킨다.

유득공이 인용한 문헌에 대해서

「구당서」
중국 후진의 유구가 편찬하여 945년에 장소원張昭遠이 완성한 중국 당나라의 정사로 모두 200권이다. 『신당서』와 더불어 당나라 시대의 역사적 사실을 적었으며, 우리나라의 역사를 연구하는 데 좋은 자료가 된다.

「신당서」
중국 북송 때에 구양수, 송기 등이 편찬한 당나라의 정사로 총 225권이다. 『구당서』에서 빠지거나 틀린 것을 바로잡아 펴낸 책이다.

「오대사」
북송 인종 5년(1053)에 편찬되었다. 동진東晉이 망한 뒤부터 당나라가 건국되기 이전까지의 과도기에 흥망한 다섯 왕조에 대한 중국의 사서인 『구오대사』와 당나라가 망한 뒤부터 송나라가 건국되기 이전까지의 과도기에 중원中原에 흥망한 다섯 왕조에 대한 사서인 『신오대사』를 아울러 이른다.

「송사」
원나라 때 황제의 명에 따라 탈탈이 오대五代의 주周나라에서부터 317년간을 기전체로 기록한 역사책으로 총 496권이다.

「요사」
원나라 때 황제의 명으로 탈탈이 찬술한 요나라의 역사서이다. 총 116권이다.

「자치통감」
중국 송나라의 사마광이 영종의 명에 따라 펴낸 중국의 편년서. 주나라 위열왕으로부터 후주後周 세종에 이르기까지의 113왕 1362년간의 역대 군신의 사적을 편년체로 엮은 것으로, 정사 이외의 풍부한 자료와 고증을 첨가하였다. 1065~1084년에 간행되었는데 모두 294권이다.

「삼국사」
고려 인종 23년(1145)에 김부식이 왕명에 따라 편찬한 『삼국사기』를 말한다. 신라, 고구려, 백제 세 나라의 역사를 기전체로 적은 것으로 우리나라에서 현존하는 가장 오래된 역사책이다. 총 50권 10책이다.

「고려사」
조선 세종의 명으로 정인지, 김종서 등이 편찬한, 고려조에 관한 기전체 역사책. 문종 원년(1451)에 완성되었다. 모두 139권이다.

「동국통감」
조선 성종 15년(1484)에 왕명에 따라 서거정, 정효항鄭孝恒 등이 편찬한 것으로, 중국 사마광의 『자치통감』을 참고하였으며, 신라 시조 박혁거세로부터 고구려, 백제를 거쳐 고려 공양왕에 이르기까지 1,400년 동안의 사실을 기록하였다. 단군·기자·위만의 고삼선古三鮮 및 한사군, 이부, 삼한 따위에 대한 내용을 외기外記로 하여 책머리에 수록하였다. 모두 56권 28책이다.

「속일본기」
『일본서기』의 속편으로 797년에 완성된 역사서로 모두 40권이다.

『일본일사』
『유취국사類聚國史』의 잃어버린 문장을 수집한 것으로 모두 40권으로 되어 있다.

『통전』 두우가 지음.
중국 당나라의 덕종 17년(801)에 완성된 사서로 상고로부터 당나라 현종에 이르기까지 제도의 변천, 정치를 연대순으로 9개 부문으로 분류하고 기술하였다. 모두 200권이다.

『통지』
중국 송나라 고종 31년(1161)에 완성한 기전체의 통사로, 상고 삼황三皇부터 수나라까지를 문화사적 관점에서 엮은 역사책이다.

『문헌통고』
중국 고대로부터 남송 영종寧宗 때까지의 제도와 문물에 관한 책. 1319년에 중국 원나라의 마단림馬端臨이 당나라 두우의 『통전』을 본따서 엮었으며 『통전』, 『통지』와 더불어 '삼통三通'이라 이른다. 모두 348권이다.

『문헌비고』
조선 영조 46년(1770)에 왕명에 따라 홍봉한 등이 우리나라 고금의 문물 제도를 수록한 책으로, 중국의 『문헌통고』를 참고로 하여 편찬하였으며, 모두 100권 40책의 활자본이다.

『대명일통지』
1461년에 중국 명나라의 이현李賢 등이 편찬한 지리 책. 중국 전역과 조공국朝貢國의 지리에 대하여 기록하였다. 90권 60책의 활자본.

『청일통지』
한나라 대에 여러 차례 증보하다가 1842년에 완성되었다.

『성경통지』
만주 성경 즉 지금의 요령성 심양의 지지地志다. 1758년에 『고려사』에서 보이는 소설적인 내용과 『연행일기燕行日記』 및 『일본기행日本記行』에서 베낀 것이다.

『만성통보』
명나라 때 찬술된 것으로 상고 시대부터 각 성씨의 연원과 유래를 기록한 서적이다.

『영순태씨족보』
고려 태조 때 귀순한 발해 세자 대광현의 후손인 대금휘가 고려 고종 때에 몽고의 침입을 막는 데 공훈을 세워서 영순군으로 봉해졌다. 그 이후의 발해 대 씨 후손들의 족보를 가리킨다.

영순태씨족보

『여지승람』
조선 성종 때에 중국의 『대명통지』를 본 따서 만든 지리서이다. 모두 50권으로 되었는데 노사신, 양성지, 강희맹 등이 참여했다. 그 뒤로 계속 증보하여 『신증동국여지승람』이라고 했다.

『전당시』
중국의 당시를 모은 책. 청나라 성조 44년(1705)에 칙명에 따라 팽정구彭定求 등이 완성하고, 1707년에 성조의 서문을 붙여 간행하였다. 작자의 수는 2,200여 명, 시의 수는 약 5만 수로 작자의 선후에 따라 배열하고 작자마다 간략한 전기를 첨부하였다. 모두 900권이다.

발해의 역대 임금

진국공震國公

 그의 성은 대 씨요 이름은 걸걸중상乞乞仲像이니 속말말갈인粟末靺鞨人|말갈 7부족 가운데 하나|이다. 속말말갈은 속말수粟末水|송화강|에 살았는데 고구려에 신하 노릇을 했다. 어떤 사람은 대 씨는 대정씨大庭氏에서 나왔는데 동이東夷의 대 씨는 대련大連|『예기』에 나오는 인물로 동이족 출신|에서 비롯된다고 한다.

 고종 총장總章 원년|668|에 당이 고구려를 멸망시키니 걸걸중상은 그의 아들 조영과 함께 가속을 거느리고 영주營州|현재의 중국 요령성 조양朝陽|로 옮겨가서 살았다. 사리舍利|거란에서 지방 호족에게 부여한 관직|라고 했는데, 사리는 거란어로 장관帳官|유목민의 천막집을 장이라고 하는데, 여러 장을 통솔하는 관리|이다.

발해의 역대 임금 • 45

측천무후 중국 당나라 고종의 황후(624~705). 성은 무武, 이름은 조이다. 중국 역사에서 유일한 여자 황제로 고종을 대신하여 실권을 쥐고, 두 아들을 차례로 제왕의 자리에 오르게 하였으며, 스스로 제왕의 자리에 올라 국호를 주周로 고치고 성신 황제聖神皇帝라 칭하였다.

  무후武后[측천무후] 만세통천萬歲通天 2년[697]에 거란의 송막松漠 도독都督 이진충李盡忠이 성주誠州 자사刺史 손만영孫萬榮한테 돌아가서 당나라에 반기를 들어 영주를 함락했고, 영주 도독 조문휘趙文翽를 죽였다. 걸걸중상은 두려워서 말갈의 추장인 걸사비우乞四比羽와 고구려의 남은 무리[破部]와 더불어 동쪽으로 달아났다. 요수遼水[현재의 요해]를 건너서 태백산太白山[백두산]의 동북쪽을 지켰는데, 오루하奧婁河*를 사이에 두고 성벽을 쌓고 스스로 굳게 지켰다. 무후가 걸걸중상을 진국공으로 봉했고 걸사비우는 허국공許國公으로 삼았다. 걸사비우가 명을 받아들이지 않으므로 무후는 옥검위대장군玉鈐衛大將軍 이해고李楷固와 중랑장中郎將 색구索仇에게 명령을 내려 걸사비우를 공격해서 죽였다. 이때에 걸걸중상은 이미 죽었다(발해 건국 이전의 일이다).

고왕高王[대조영]

  그의 이름은 조영으로 진국공의 아들이다. 일찍이 고구려의 장수가 되었는데 용감하고 말타기와 활쏘기를 잘 했다. 진국공이 죽고 걸사비우가 전쟁에서 죽자 조영이 뒤를 이었다. 이해고가 천문령天門嶺*을 넘어 끝까지 쫓아오자 조영이 고구려와 말

오루하 중국 길림성 돈화시 성산자산성 부근의 대석하라고 하는데 분명하지 않다.

천문령 중국 길림성 합달령으로 보는데 분명하지 않다.

발해영광탑(왼쪽)과 발해영광탑 비문 발해영광탑은 발해시기(698~926)에 쌓은 벽돌탑으로 현재 백두산 근처 길림성 백산족 자치현에 설치되어 있다. ⓒ한규철.

갈의 병사들을 이끌어 이를 크게 쳐부쉈다. 이해고는 간신히 모면했다.

조영은 곧 걸사비우의 무리를 아울러서 읍루挹婁의 동모산東 牟山에 거처했다. 그러자 말갈과 고구려의 옛 사람들이 모두 다 돌아왔다. 드디어 사신을 보내서 돌궐과 통교했고, 부여, 옥저, 조선朝鮮, 변한弁韓* 그리고 해북海北*등 10여 국을 공략해서 차지했다. 동쪽 끝은 바다요, 서쪽은 거란이고, 남쪽으로는 신라와 닿았는데 이하泥河*를 경계로 삼았다. 국토는 사방 5,000리요, 호구는 10여 만이며 훈련이 잘되어 강력한 군사(勝兵)는 수만 명이었다. 글을 배우고 익혔는데 습속은 고구려나 거란과 대략 같았다.

성력聖曆(698~699) 중에 국호를 진震*이라고 하고 몸소 진국왕이 되었다. 홀한성을 쌓고 살았는데 곧 영주에서 동쪽으로 2,000리 떨어진 곳이다. 그때에 해奚(동호족의 하나인 해족奚族)와 거란 둘 다

* **조선, 변한** 어디를 지칭하는지 알 수 없다.
* **해북** 바다의 북쪽이라고 해석할 수가 있는데, 이때의 바다가 어디를 의미하는지 알 수가 없다.
* **이하** 종래에는 이를 함경남도 용흥강으로 추정했는데, 유득공은 이를 패수로 봤다.
* **진** 『신당서』에는 진振, 『문헌비고』에는 진조震朝라고 되어 있다.

발해 역대 왕들의 계보

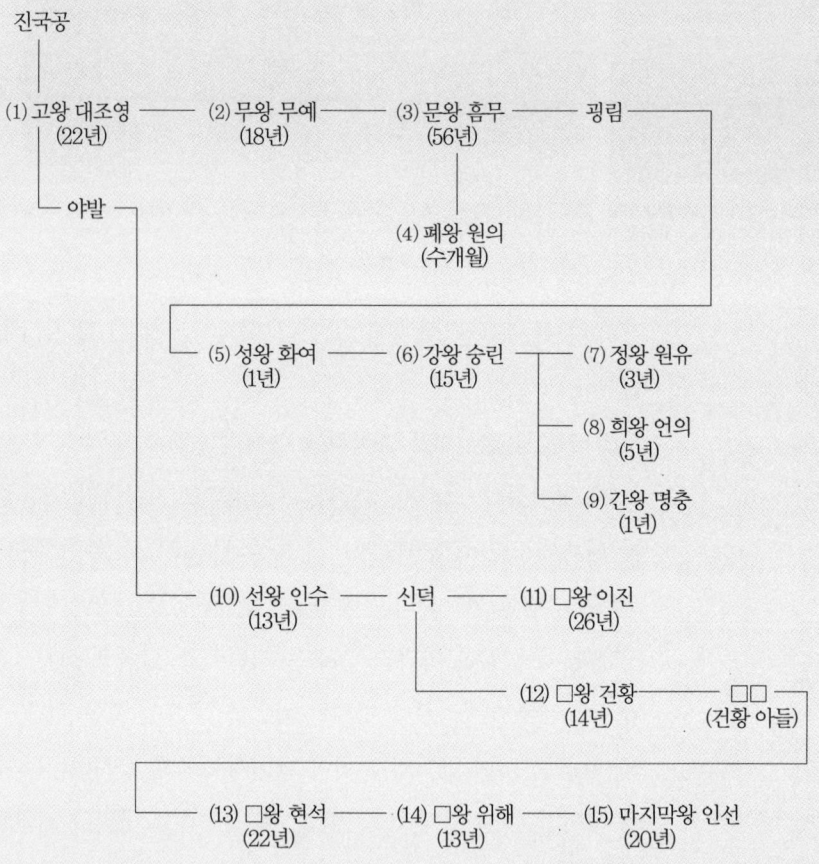

발해의 연호와 자주성

발해는 우리 역사에서 유일하게 처음부터 끝까지 독자적인 연호를 사용한 나라다. 고구려의 광개토대왕이 영락이라는 연호를 처음 사용하였고, 고구려에서도 독자적인 연호가 간혹 사용되었을 뿐이다. 신라에서는 삼국통일 이전에 독자적인 연호를 쓰다가 도중에 당나라의 질책을 받고, 중국의 연호를 사용하였다. 이처럼 황제만이 사용할 수 있는 특권이었던 연호를 꾸준히 사용한 것은 발해의 자주성을 보여주는 것이라 할 수 있다.

	연호	사용기간	시호	근거	비고
1	천통	698~719년	고 왕	『협계태씨족보』	
2	인안	719~736년	무 왕	『신당서』 발해전	
3	대흥	737~793년	문 왕	〃	
4		794~794년	원의왕	〃	시호가 전해지지 않아 이름으로 표기
5	중흥	794~795년	성 왕	〃	
6	정력	795~809년	강 왕	〃	
7	영덕	809~812년	정 왕	〃	
8	주작	813~817년	희 왕	〃	
9	태시	818~818년	간 왕	〃	
10	건흥	819~830년	선 왕	〃	
11	함화	830~857년	이진왕	〃	시호가 전해지지 않아 이름으로 표기
12		858~871년	건황왕	〃	〃
13		872~893년	현석왕	〃	〃
14		894~906년	위해왕	〃	〃
15		907~926년	인선왕	〃	〃

[참고] 연호가 기입되지 않은 것은 실제로는 사용되었으나 현재 전해지지 않기 때문이다.

동모산 중국 길림성 돈화시 부근의 성산자산 부근으로, 대조영이 발해를 세우고 수도로 정한 곳이다. 분지 가운데 우뚝 솟은 산 위에 산성을 쌓았는데 그것이 성산자산성이다. 백두산에서 북쪽으로 300여 리 떨어진 곳에 있는 동모산은 험준한 산맥으로 둘러싸여 있다.

당에 대해서 반란을 일으켜서 길이 막혔다. 그래서 무후는 이들을 토벌할 수가 없었다.

중종中宗이 즉위했다[684]. 그는 시어사侍御史* 장행급張行岌을 보내서 위무했다. 고왕도 아들을 보내서 궁궐에 들어가 임금을 알현[入侍]하게 했다.

현종玄宗 선천先天 2년[713]에 낭장郞將 최흔崔訢을 보내서 고왕을 좌효위대장군左驍衛大將軍 발해군왕渤海郡王으로 책봉했다. 통솔하는 곳을 홀한주忽汗州*라고 하고 홀한주 도독의 직위를 받게 했다. 비로소 말갈이란 호칭을 없애고 오로지 발해라고 했다. 이때부터 대대로 당에 조공했는데 유주幽州 절도부節度府와 더불어 서로 예를 갖추어서 빙문[聘問]했다. 부여부扶餘府*에 강력한 군사를 주둔시켜서 거란을 방비했다.

현종 개원開元 7년[719]에 왕이 사망하여서 3월 병진일에 당에 부고했다.

시어사 관리들의 비리와 부정을 살피는 어사대 소속의 관리

홀한주 당에서는 발해 일대를 홀한주로 명명했다.

부여부 고구려 이전의 부여가 있던 곳으로 거란과 발해의 경계였던 곳이다.

무왕武王

그의 이름은 무예武藝인데 고왕의 아들이다. 처음에는 계루군왕桂婁郡王으로 봉해졌다.

개원 7년 6월 정묘일에 당이 좌감문솔左監門率(동궁 출입을 관장하는 관리) 오사겸吳思謙을 홍려경鴻臚卿(외교의 일을 전담하는 장관)을 겸하게 해서 사신으로 보충하여 조제弔祭(조문)하게 했다. 무왕을 좌효위대장군 홀한주 도독 발해군왕으로 책봉했다. 드디어 국왕은 인안仁安(발해 무왕의 연호, 719~736)으로 연호를 고쳤고 나라를 개척했다.

그 습속이 관역館驛(사신이나 관리가 머무는 객사와 역사)을 두지 않으므로 곳곳에 촌락을 설치하고 말갈을 백성으로 삼았다. 대촌에는 도독을 두었는데 그 다음을 제사制史(자사刺史의 오기)라고 하고 그 밑은 우두머리라고 했다. 동북의 여러 이족夷族 모두가 그를 경

말갈족

만주에 살던 종족 집단으로 주周나라 때에는 숙신肅愼으로, 한漢나라 때에는 읍루挹婁라 불렸다. 6세기 중반부터 발해가 멸망한 10세기 초반까지 말갈이라 불렸다. 금나라를 세운 후 여진족이라 불리게 되었고, 청나라를 세우고 만주족으로 불려졌다. 현재는 만족이라 불린다.
말갈족은 만주와 연해주에 걸치는 방대한 영토에서 살고 있었으며 이질적으로 구성된 집단이었다. 그로 인해 말갈족은 일곱 부족으로 구성되어 있었는데, 백두산 근처에 살던 백산말갈과, 흑룡강 근처의 흑수말갈黑水靺鞨, 송화강 근처의 속말말갈과 백돌伯咄·불녈拂涅·호실號室·흑수黑水·안차골安車骨 등이었다.
후에 속말말갈을 중심으로 발해가 세워졌고, 흑수말갈은 이에 대립하여 나중에 금나라를 세웠다.

육정산 고분군 비석(왼쪽)과 멀리서 바라 본 육정산 고분군 현재 길림성 돈화시에 자리한 발해의 무덤떼로 1949년부터 발굴이 시작되었다. 그러나 발굴 전 이미 상당수의 유물이 도굴된 상태로, 발해 2대 임금인 대무예의 무덤인 진능과 문왕의 딸 정혜공주의 묘 등 9기의 무덤이 1차 발굴되었고, 1964년까지 발굴이 계속되었다.

외하여 신하가 되었다.

개원 10년에 흑수말갈黑水靺鞨|말갈 7부족 가운데 하나로서 흑수 즉 현재의 흑룡강 일대에 거체의 사신이 당에 입조入朝|외국인이 조정에 참예|했다. 당의 현종은 그 땅에 흑수주黑水州|현재의 흑룡강 일대|를 세웠고 장사長史|도호부 도독부 주에 설치한 관직|를 두었다. 왕이 신하들을 모두 다 불렀을 때에 어떤 사람이 말했다. "흑수가 처음 우리에게 길을 빌려서 당과 통했다. 어느 때에는 돌궐에게 토둔吐屯|속국에 파견하여 세무와 행정을 맡은 돌궐의 관직|이 되기를 요청했는데, 이 모두를 우리에게 먼저 보고해서 우리나라 사신과 함께 갔다. 지금 당나라한테 관직을 청하면서 우리에게 알리지 않았으니 이것은 반드시 당과 더불어 꾀를 내서 배반하여 우리나라를 공격하려는 것입니다."

이러므로 무왕은 그의 아우 대문예大門藝와 외숙 아아상雅雅相|임아상任雅相의 오기|을 시켜서 군대를 내어 흑수를 공격하게 했다. 대문예가 간언諫言했지만 왕이 받아주지 않자 대문예는 당으로 달아났다. 이 때문에 당과 발해 사이에 틈이 벌어졌다.

장문휴의 원정(상상화) 무왕이 즉위하면서 발해의 영토는 크게 확장되었다. 이때가 발해 영토가 기본적으로 윤곽이 드러난 때로 추정된다. 무왕은 정복 활동을 활발히 했고, 과거 고구려와 부여의 땅을 대다수 차지한 것으로 보인다. 특히 732년 9월 무왕이 장문휴 군대를 보내서 당나라 등주를 공략한 일은 발해가 이미 압록강의 수로를 확보하고 있었다는 사실을 보여준다. 또한 장문휴의 등주 공격은 우리 역사에서 외국을 침범한 최초이자 마지막 전투로 평가되고 있다.

개원 20년에 장문휴張文休 대장大將을 시켜 해적海賊*을 거느리고 바다를 건너 등주登州*를 공격했다. 자사 위준韋俊을 죽이고 선왕의 치욕을 설복한다고 했다. 실제는 대문예가 일으킨 사건을 원망한 것이다. 현종이 크게 성이 나서 우령군장군右領軍將軍 갈복순葛福順에게 이를 토벌하라고 명령했다.

개원 21년에 또 대문예를 보내서 유주병幽州兵[지금의 북경 일대에 주둔했던 군새]으로 하여금 이를 공격하게 했다. 그리고 내사內史[궁중의 기록을 맡은 관직]의 고위 관리인 하행성何行成 그리고 태복원외랑太僕員外郎 김사란金思蘭*을 신라로 사행하게 해서 신라의 국왕 김흥광金興光[성덕왕]에게 개부의開府儀 동삼사同三司 지절충녕해군사持節充寧海軍使 계림주鷄林州 대도독大都督의 직을 주었다. 그리고 다음과 같이 효유曉諭[알아듣게 일러줌]하였다.

"발해는 겉으로 번한藩翰[울타리란 뜻으로 변방의 나라는 뜻]이라고

해적 해군을 의미하는데 아마 당의 입장에서 폄하하느라고 해적으로 기록한 것 같다.

등주 산동반도에 있다. 중국 산동성 봉래의 동북쪽이 해당한다.

김사란 신라의 왕족으로 견당사의 일행으로 당에 들어갔다가 신라로 돌아왔다.

칭하면서 속으로는 교활함을 품었다. 지금 병사들을 보내서 그 죄를 묻고자 하니, 경도 군대를 내어 그 남쪽 변방을 공격하라."

또한 명령을 내려서 신라의 명장 김유신의 손자인 김윤중金允中•을 장수로 삼고 재물을 내려 주었다. 신라 국왕은 김윤중 등 장군 네 명에게 병사를 이끌고 가서 당나라 군대를 만나 발해를 토벌하도록 했다. 눈이 한 길이 넘게 내려 산길이 막혔고 얼어 죽은 병사들이 절반을 넘어서 모두 그만두고 돌아왔다.

다음해에 신라인 김충신金忠臣이 명령문을 받아서 귀국하여 발해를 토벌하자고 요청하니 현종이 허락했다. 그러나 결국 공과가 없었고 흑수의 땅은 모두 발해한테 정복되었다.

무왕은 일본에 사신을 보내서 조빙하니 일본서는 조신충마려朝臣蟲麻呂를 보냈다.

개원 26년(『구당서』에는 25년으로 되어 있다)에 무왕이 죽었다.✱ 그해 8월 신사일에 당에 부고했다.

문왕文王

그의 이름은 흠무欽茂인데, 무왕의 아들이다. '대흥大興 737~793'으로 개원했다.

개원 26년에 당에서 내시內侍 단수간段守簡을 보내어 왕을 좌효위대장군 홀한주 도독 발해군왕으로 책봉했다. 문왕은 조칙을 받들고 나라 안에 사면령을 내렸고 사신을 시켜 단수간을 따라가서 당에 입조하게 했다. 현종은 국왕에게 좌금오대장군左金吾大將軍[당의 중앙 무관직]의 직을 주었다.

김윤중 이와 관련된 기록이 『삼국사기』에 나온다.

✱ 개원 26년은 738년이다. 그러나 무왕은 737년에 사망했다.

상경 용천부 외성터 문왕 때의 수도로 정해진 곳으로 지금은 성터와 왕궁터가 남아 있다. 온돌과 기와 등 발해의 문화를 엿볼 수 있는 유물들이 출토되었다.

천보天寶|742~755| 중에는 거듭 태자첨사빈객太子詹事賓客|당 동궁의 관직|으로 특진시켰다.

천보 말기에는 수도를 상경으로 옮겼다. 현종이 다스리는 동안에 모두 스물아홉 번 당에 조공했다.

숙종肅宗 지덕至德 원년|756|에 평로유후平盧留後 서귀도徐歸道●가 과의도위果毅都尉 행유성현行柳城縣 사부경략판관四府經略判官 장원간張元澗을 보내 조빙하고, "올해 10월에 마땅히 안녹산을 칠 것이다. 국왕은 모름지기 병사 4만 명을 내어서 적을 평정하는 것을 도와 달라"고 하였다. 국왕은 이상하다고 의심해서 머물러 있게 했다.

12월 병오일에 서귀도가 과연 유정劉正을 독살하고 북평北平|중국 하북성 완현|으로 가서 그곳에 진을 치고 있는 안녹산安祿山●과 사사명史思明●에게 신하가 되어 복종[臣服]했고, 몰래 안녹산과 유주절도사幽州節度使 사사명과 더불어 당을 공격하려고 모의하였다.

안동도호安東都護 왕지현王志玄●이 그 음모를 알고서 우수하고

서귀도 절도사에게 사고가 일어났을 적에 그 다음의 직위에 있는 자로 하여금 그 임무를 맡게 했을 때에 유후라고 했다. 안녹산의 심복이었다.

안녹산 돌궐계의 잡호雜胡로서 현종의 인정을 받아 평로, 범양范陽, 하동河東의 세 절도사를 겸했다. 양국충楊國忠과 반목하여 반란을 일으켜서 황제를 칭하고 국호를 대연大燕이라고 했으나 그의 아들 안경서安慶緖에게 살해되었다.

사사명 중국 당나라 현종 때 무장, 안녹산의 난에 동조했으며, 후에 안녹산의 아들 안경서를 죽이고 대연 황제라 일컬었으나 아들 사조의에 의해 살해되었다.

왕지현 왕지현이 아니라 왕현지라고 해야 한다.

동경 용원부 발해 오경 가운데 하나인 동경 용원부의 동경을 가리킨다. 현재 역사학계에서는 중국 길림성 훈춘의 팔련성이 그곳이라는 설이 있으나 분명하지 않다. 있다. 팔련성은 지금은 형체를 알아볼 수 없이 파괴되었다. 하지만 당시에는 아시아에서 두 번째로 큰 성이었다고 한다. 팔련성은 당시에 성 안에 여덟 개의 성벽이 연이어 있었다고 하여 붙여진 이름이다.

강한 군사[精兵] 6,000여 명을 거느리고서 유성[柳城|중국 요령성 조양의 남쪽 근교로 평로절도사가 있었다]을 쳐부수고 서귀도를 죽였다. 스스로를 평로절도라 칭하고서 북평으로 나아가 4년 4개월 동안 주둔했다. 왕지현이 왕진의王進義 장군을 보내서 내빙하여 말했다. "천자께서는 이미 서경[西京|당의 수도 장안]으로 돌아오셨습니다. 촉蜀나라*에서 태상황太上皇*을 맞이하여 별궁에 거처하시게 하셨습니다. 적의 무리를 멸하시는 수고를 하셨습니다. 그러므로 저를 내려 보내 이르게 하셨습니다."

국왕은 그 일을 믿을 수 없다고 여겨서 별도로 사신을 보내어 자세히 물었다. 숙종[肅宗|711~762]이 국왕께 '칙서[勅書|황제가 아래 사람에게 훈계하거나 알릴 일을 적은 글]를 내려 주었다.

보응 원년[762]에 명령을 내려서 발해를 국가로 삼았고, 발해 국왕으로 올려서 책봉했으며 검교태위[당의 삼공은 태위太尉, 사도司徒, 사공司空으로, 당의 삼공 가운데 하나]의 직을 주었다.

촉나라 삼국의 유비가 건국한 곳으로 지금의 중국 사천성 일대로서 그 중심 도시는 성도다.

태상황 자리를 물려주고 들어앉은 황제를 가리키며, 숙종 때의 일이므로 태상황은 현종을 가리킨다.

대종代宗 대력大曆[766~779] 2년에서 10년까지 어떤 경우에는 연초와 연말에 어떤 때에는 연중에 두세 번 사신을 보내서 당에 조공했다.

12년 정월에 국왕께서 일본의 무녀舞女 11명을 방물로 당에 바쳤다. 4월과 12월에 또 사신을 보내서 당에 조공했다. 거듭 사공태위로 가자加資*되었다.

덕종德宗 건중建中[780~783] 3년 5월, 정원貞元 7년[791] 정월과 8월, 정원 10년[794] 정월에도 사신을 보내서 당에 조공했다.

정원 중에 다시 동경으로 옮겼다. 국왕은 열 번 일본에 사신을 보내니, 일본이 조신전수朝臣田守, 기촌전성忌村全成, 양후사陽侯史 영구玲璆, 연익마려連益麻呂, 무생조수武生鳥守, 조신전계朝臣殿繼 등을 보내왔다.

대흥 57년 3월 4일에 국왕이 사망하니 곧 정원 10년이다.

폐왕廢王

그의 이름은 원의元義요, 문왕의 족제族弟*다. 문왕의 아들 대굉림大宏臨이 일찍 죽으니 대원의가 즉위했다. 한 해 동안 재위했는데 매우 포악해서 국인國人*이 시해했다.

성왕成王

그의 이름은 화여華與요, 대굉림의 아들이다. 국인이 대원의를 시해하고서 국왕으로 추대했다. 중흥中興[794~795]으로 개원했

가자 정삼품 이상의 품계를 올리는 일을 말한다.

족제 의복 제도에 따라 상복을 입어야 하는 가까운 친척인 유복지친有服之親 이외의 아우뻘이 되는 남자 친척을 말한다.

국인 나라 사람이란 일반적인 의미보다는 국정에 영향을 끼칠 수 있는 위치에 있는 관료나 귀족을 통틀어 일컫는다.

고, 다시 상경으로 도읍을 옮겼다.

강왕康王

그의 이름은 숭린崇璘이요, 문왕의 어린 아들이다. 정력正曆|795~808|으로 개원했다.

정원 11년 2월 을사일에 당나라에서 내상시內常侍 은지섬殷志瞻*을 보내 국왕을 좌효위대장군 홀한주 도독 발해군왕으로 책봉했다.

14년에 국왕은 사신을 보내서 부친의 옛 일|국왕으로 봉한 것|로서 이치를 말하자 당에서는 국왕에게 은청광록대부銀靑光祿大夫 검교사공檢校司空을 가자하고 국왕으로 올려서 봉했다.

21년. 당에 사신을 보내서 조공했다.

정원 중에는 모두 네 번 당에 조공했다.

순종順宗|805|이 왕을 금자광록대부金紫光祿大夫로 가자했다.

헌종憲宗 원화元和 원년|806| 10월에 국왕을 검교태위로 가자했다. 12월에 당에 사신을 보내 조공했다. 국왕은 두 번 일본에 사신을 보내 교빙하니, 일본은 진인광악眞人廣岳, 숙미하무宿彌賀茂, 숙미선백宿彌船白을 보냈다.

원화 4년. 국왕이 사망하여 정월에 당에 부고했다.

정왕定王

그의 이름은 원유元瑜요, 강왕의 아들이다. 영덕永德|809~812|

> 은지섬 수나라 때에 설치된 대시성의 이칭으로 환관이 임명되었다. 국립도서관소장본에는 섬瞻이 첨瞻으로 되어 있어 판본의 차이를 보이고 있다.

으로 개원했다.

원화 4년에 당에서 왕을 은청광록대부 검교비서감檢校秘書監 홀한주 도독 발해국왕으로 책봉했다.

5년에 두 번 당에 사신을 보내 조공했다.

7년에 국왕이 사망하여 당에 부고했다.*

희왕僖王

그의 이름은 언의言義요, 정왕의 아우다. 주작朱雀|813~817|으로 개원했다. 정왕이 사망하니 임시로 국무를 맡았다.

원화 8년 정월 경자일에 당에서 내시內侍 이중민李重旻을 보내 국왕을 은청광록대부 검교비서감 홀한주 도독 발해국왕으로 책봉했다.

간왕簡王

그의 이름은 명충明忠이요, 희왕의 아우다. 태시太始|818|로 개원했다. 즉위해서 1년 만에 사망했다.

선왕宣王

그의 이름은 인수仁秀다. 간왕의 종부從父|큰아버지나 작은아버지|고, 고왕의 아우인 대야발大野勃의 4세손이다. 건흥建興|818~830|으로 개원했다. 간왕이 죽자 국무를 대신했다.

* 원문에는 '7년七年' 이라고만 씌어 있으나 다른 판본에는 '8년왕 훙八年王薨'으로 씌어 있다.

원화 13년 정월 을사일에 사신을 보내서 당에 부고했다. 5월에 당에서 왕을 은청광록대부 검교비서감 홀한주 도독 발해국왕으로 봉했다. 왕은 남쪽으로 신라를 치고 북으로 여러 부족을 정복해서 영토를 크게 넓혔다.

15년 윤정월에 당에 사신을 보내서 조공했다. 당에서 국왕을 금자광록대부 검교사공으로 가자했다. 12월에 또 당에 사신을 보내서 조공했다. 원화 중에 모두 열여섯 번 당에 조공했다.

목종穆宗 장경長慶|821~824| 2년 정월과 4년 2월에 사신을 보내 당에 조공했다. 장경 중에 모두 네 번 당에 조공했다.

경종敬宗 보력寶曆|825~826| 중에 두 번 당에 조공했다.

문종文宗 태화太和 원년|827|에 당에 사신을 보내 조공했다.

4년에 또 사신을 보내 당에 조공했다(『당서』에는 5년으로 되어 있다). 이 해에 국왕이 사망했다.

국왕 대이진大彝震

선왕의 손자다. 그의 아버지 신덕新德이 일찍 죽었다. 국왕이 즉위하여 함화咸和|830~857|로 개원했다.

태화 5년|831|에 당에서 국왕을 은청광록대부 검교비서감 홀한주 도독 발해국왕으로 책봉했다.

6년에 사신을 보내서 당에 조공했다.

7년 정월과 2월에 사신을 보내 당에 조공했다. 문종의 치세가 끝날 때까지 모두 열두 번 당에 조공했다.

무종武宗 회창會昌|841~846| 중에 네 번 당에 조공했다.

선종宣宗 태중太中|847~859| 12년에 국왕이 죽으니 2월에 당에 부고했다.

국왕 대건황大虔晃

그는 대이진의 아우다. 태중 12년 2월 계미일에 당에서 왕위를 계승한 것에 대한 조칙을 내렸다.

국왕 대현석大玄錫

그는 대건황의 아들이다. 의종懿宗 함통咸通|860~873| 중에 세 번 당에 사신을 보내 조공했다.

국왕 대인선大諲譔

사서에 그 계통이 실리지 않았다. 양梁나라 태조 주전충朱全忠 |907~912| 개평開平 원년|907|에 국왕이 양나라에 왕자를 보내서 조공하고 방물方物을 바쳤다.

2년, 3년 그리고 건화乾和 2년|912|에 사신을 보내서 양나라에 조공했다.

후당後唐 장종莊宗 동광同光|923~925| 2년에 사신을 보내서 당에 조공했는데 여자와 아이들을 바쳤다.

발해는 당나라 때부터 자주 여러 학생을 경사京師|당나라의 수도|로 보내어 태학太學|학교|에서 고금의 제도를 배우게 했다. 그래서

대인선 마지막 국왕 대인선의 전에 대위해라는 국왕이 있었다는 사실이 최근에 밝혀졌다. 유득공이 「발해고」를 저술할 당시에는 그 존재가 밝혀지지 않아 이 책에는 실리지 않았다.

당나라에서는 발해를 해동성국海東盛國|바다 동쪽의 번성한 나라는 의미|이라고 불렀다. 주량朱梁|주전충이 세운 후량|과 후당後唐|923~936|의 30년 동안에 공사貢士|지방에서 인재로 추천받아 등용한 선비|로서 과거에 급제한 사람이 열두어 명이 되는 등 학사學士|태학에 올라와 과거를 준비하는 사람|들이 많았다.

요遼나라 태조 야율아보기耶律阿保機 신책神冊 2년|917|에 국왕이 사신을 보내 요를 빙문했다.

4년에 요나라에서 요양의 고성*을 수축하고서 발해호渤海戶|발해의 호구|를 약탈해서 이곳을 채웠다.

천찬天贊 3년|724|에 국왕이 병사들을 보내서 요를 공격하여 요주遼州 자사 장수실張秀實을 죽이고 그 백성들을 약탈하여 돌아왔다.

4년 12월 을해일에 요의 국왕이 그 나라 안에 다음과 같이 명령을 내렸다. "두 가지 일이 있다. 하나는 이미 끝났지만, 오로지 발해와 대대로 맺힌 원수만은 갚지 못했다. 어찌 안주할 것인가?" 드디어 병사를 일으켜 발해로 쳐들어왔다. 황후와 태자 배倍|야율배耶律倍| 그리고 대원수大元帥 요골堯骨이 따랐다.

윤12월 임진일에 요의 국왕이 목엽산木葉山|시라무렌 강 유역에 있는 산|에 제사 지냈다.

임인일에 푸른 소[青牛]와 백마白馬로 천신과 지신에 제사 지냈다.

기유일에 살갈산撒葛山|시라무렌 강 상류에 있다|에 주둔하고서 귀전鬼箭*을 쏘았다.

정사일에 고령高嶺|발해와 거란의 경계선에 있었을 것으로 추정함|에 주둔

요양의 고성 과거에 요동성이라고 칭했는데, 당나라 때에는 요주라고 했다. 요동 반도의 중심부다.

귀전 전쟁에 나설 때에 사형수에게 그 길흉을 판별하기 위해서 화살을 쏘았던 풍속을 말한다.

했다. 이날 밤에 요의 군사가 부여부를 포위했다.

천현天顯 원년|926| 정월 기미일에 밝고 흰 기운이 해를 관통했다.

경신일에 부여성이 함락되고 그 장수가 죽었다. 요는 또 별도로 동평부東平府|요양|를 공격해서 쳐부수었다.

병인일에 늙은 재상이 이끄는 발해의 군대가 패했다. 이날 밤에 요의 태자 야율배와 대원수 야율요골, 남부재상南部宰相 야율소蘇, 북원이리근* 야율사열적斜涅赤, 남원이리근 야율질리迭里 등이 홀한성을 포위했다.

기사일에 국왕이 항복을 청했다.

경오일에 요의 국왕이 홀한성의 남쪽에 군대를 주둔시켰다.

신미일에 국왕이 흰옷에 새끼를 메고 양을 끌고서* 신하 300명 남짓을 거느리고 나와 항복했다. 요의 국왕은 예로써 이를 보냈다.

병자일에 요나라 왕이 그 측근의 신하 강말달康末怛 등 열세 명으로 하여금 성에 들어가 병기를 찾게 했다. 그들은 나졸邏卒|하급 군인|들에게 살해되었다.

정축일에 국왕이 다시 성을 지켰다. 야율사열적 등이 다시 이를 공격해서 무너뜨렸다. 요나라 왕이 입성하니 국왕이 그 말 앞에서 죄줄 것을 청했다. 요나라 왕은 병사로 하여금 국왕과 왕족들을 에워싸고서 나갔다.

2월 병오일에 요는 발해국을 동단東丹|동쪽의 거란|으로 고치고 홀한성을 천복天福으로 바꾸었다. 그 태자 야율배를 인황왕人皇王으로 봉해서 이곳을 다스리게 했다.

이리근 요나라의 관직명으로 부족의 우두머리에게 하사하였다.

* 이는 국왕의 지위를 버리고 평민으로 돌아가겠다는 의미를 가진다.

을유일에 요나라 국왕은 왕과 왕족들을 데리고 돌아갔다. 이들을 임황臨黃[요나라의 수도. 현재 내몽고 임동 부근]의 서쪽에 성을 쌓고서 거처하게 했다. 왕을 오로고烏魯古로, 왕후를 아리지阿里只라고 했다. 오로고와 아리지란 요나라 국왕과 왕후가 발해국왕의 항복을 받을 때에 탔던 말 두 마리의 이름이다. 그 말을 왕과 왕후에게 주었기 때문이다.

흥요왕興遼王

그의 이름은 연림延琳이다. 고왕의 7대 손이다. 요나라에서 벼슬을 해서 동경東京 사리군舍利軍 상온詳穩[거란의 무관]이 되었다. 옛날에 요하 동쪽[東遼]● 의 땅이 신단神丹● 연간부터 부속되었다. 요나라 말기에 술과 소금의 전매법[榷沽鹽麴法]과 관문과 저자에서 징수하는 세금[關市之征]도 해이해졌다.

풍연휴馮延休, 한소훈韓紹勳 등이 차례로 호부사戶部使가 되었다. 연산과 평지의 법[燕山平地之法][정확한 의미를 모름]으로 구속하니 백성들이 그 명을 감당하지 못했다.

연나라 또한 해마다 큰 흉년이 들었다. 부사副使 왕가王嘉가 계책을 올려서 배를 만들었다. 백성들 가운데 바다를 아는 사람으로 하여금 곡식을 운반해서 연나라 지방을 진휼하려고 했는데 물길이 험해서 배가 뒤집혀 많은 사람들이 물에 빠졌다. 간언을 해도 듣지 않고 채찍으로 치며 침탈하니 백성들은 이를 원망하며 반란을 생각했다.

요나라 성종聖宗● 대평大平 9년[1029] 8월 정축일에 대연림이

요하 동쪽 원문에는 동요로 되었는데, 이는 요동 지역을 가리킨다.

신단 신책神册이어야 한다. 신책은 요 태조 야율아보기의 연호로 916년에서 921년까지다.

성종 聖宗이 아니라 성종成宗이다.

한소훈과 왕가를 죽여서 백성들을 통쾌하게 해줬다. 다시 사첩군四捷軍 도지휘사都指揮使 소파득蕭頗得을 죽이고 유수留守|요나라의 5경의 우두머리|인 부마도위駙馬都尉 소효선蕭孝先을 가두었다.

나라 이름을 흥요興遼라고 했고 작위와 명호[位號]를 세웠고 천경天慶으로 개원했다(『고려사』에는 천흥天興으로 되어 있다). 지혜와 용기를 가진 무사들을 뽑아서 좌우에 두었다. 이에 여러 부족이 응했는데 남여진과 북여진이 모두 귀부했고 고려는 요와 단교했다.

이에 앞서서 대연림이 부유수副留守 왕도평王道平과 더불어 거사를 꾀했다. 그리고 황편黃翩을 황룡부黃龍府로 불러 들였다. 왕도평이 밤에 성을 넘어서 달아나 황편과 함께 반란을 일러바쳤다. 요의 군주는 여러 도道|행정구역의 단위|의 군사들을 불러 모아서 공격했다.

발해의 태보太保* 하행미夏行美는 발해 사람이다. 그때에 군대를 지휘해서 보주保州|요나라가 압록강 동쪽에 설치한 고을|를 지켰다. 대연림이 급히 통지하여 통수統帥 야율포고耶律蒲古를 도모하게끔 하였다. 그러나 하행미가 그 내용을 야율포고에 보고하여 발해 병사 800명을 죽이고 그 동쪽 길을 차단하였다. 황룡부와 보주가 다 대연림에게 복종하지 않았다.

국구상온國舅詳穩 소필적蕭匹敵이 또 군사들을 거느려 서쪽 길을 막았다. 대연림은 드디어 군사를 나누어서 심주瀋州|현재 중국 요령성 심양시|를 공격했다. 절도節度 부사 장걸張傑이 항복하고자 한다고 말했다. 그러므로 대연림은 급하게 공격하지 않았다. 그것이 거짓임을 알았으나 이미 방비가 갖추어진 후라 공격했

태보 요나라의 발해장사라는 관청의 벼슬이다.

지만 이기지 못하고 돌아왔다. 요나라 병사들이 대대적으로 모였다.

10월에 요나라는 남경유수南京留守 연왕燕王 소효목蕭孝穆을 도통으로 삼고 소필적을 부도통으로 했다. 부서육부대왕部署六部大王 소포노蕭蒲奴를 도감都監|총괄 책임직|으로 삼아서 포수蒲水|현재 중국 요령성 심양 부근의 포하蒲河|에서 싸웠다. 요나라의 군대가 물러났다. 소필적과 소포노가 좌익과 우익으로 펼쳐서 공격했다. 대연림의 병사들이 궤멸되었다. 그리고 수산手山|현재 중국 요령성의 수산首山|에서 싸웠으나 패하여 성으로 들어가 굳게 지켰다. 소효목이 중성重城|성을 에워싼 성|을 쌓아서 누노樓櫓|망루|를 세우니 성의 안과 밖이 서로 통하지 못했다. 성에서는 집을 헐어서 불을 뗐다. 소포노가 먼저 고려와 여진의 요충에 있었다. 그러므로 구원병이 없었다.

10년 8월 병오일에 대연림의 장수 양상세楊詳世가 몰래 요나라에 편지를 보내어 밤에 성문을 열어서 요나라의 군대를 받아들였다. 대연림이 잡혔다. 이때에 여러 부의 호걸과 후산吼山|어디인지 알 수가 없음| 등의 병사들이 봉기했다. 이윽고 모두 패했다. 오직 남해성수南海城守|요의 남해군의 성주|가 굳게 지키다가 해를 넘겨서 항복했다.

오사성烏舍城 부유부浮渝府 염부왕琰府王

사서에 그의 이름이 없다. 송의 태종 태평흥국 6년|981|에 왕에게 조서를 내려서 다음과 같이 말했다.

"짐이 왕위를 이어받아 사해를 거느린즉 세상에 따르지 않는 자가 없다. 하물며 태원太原*도 나라의 장애가 없도록 보증[保障]하는데 저번에 함부로 점거하고서 드디어 서로 이어받고서 요의 원조를 받아 대대로 죽임을 면했다. 짐은 지난해에 몸소 정예 부대를 거느리고서 여러 장수를 다 데리고서 나란히 서 있는 보루를 무너뜨려 흉노의 오른쪽 어깨를 끊었다. 해를 당한 백성을 위로하고 죄인을 토벌하는 것을 돌이켜봐서 백성들을 소생하게 했는데 북쪽 오랑캐가 일어나서 이치에 맞지 않게 원한을 맺고 갑자기 먹으려고 내 나라의 경계를 범했다. 얼마 전에 군대를 보내서 이들을 공격하여 매우 많이 죽이고 사로잡았다.

이제는 북을 치며 행군해서 깊이 쳐들어가 자리를 말듯이 말을 휘몰아 그 궁정을 불태우고 그 추악한 무리들을 섬멸하려고 한다. 본디 듣건대 네 나라는 저 원수들과 맞닿아서 병합하려는 협박에 이를 제어할 수 없었다. 그래서 복속당했고 분리 통치에 곤란을 받았다. 영기*를 앞세우며 적을 쳐부수게 되었으니 이는 이웃 나라들이 설욕하는 날이다. 마땅히 족장들을 다 내보내서 내 병사들을 도와라. 그것들이 멸망됨을 기다려서 널리 책봉하고 상을 내릴 것이다. 유주와 계주 지역[북경과 요서 그리고 요동]은 다시 중국에 귀속시키고 삭막朔漠[북방의 사막 즉, 고비 사막]의 밖은 모두 다 줄 것이다. 협조하라. 짐은 식언하지 않는다."

이때에 송나라는 요를 크게 치려고 했다. 그러므로 이 조서가 나왔다.

살펴 보건대, 홀한성의 함락은 요나라 태조 천현 원년에 있었다. 사람들이 이때에 발해가 이미 멸망했다고 한다. 그러나

*태원 현재 중국 산서성 태원시이다. 오대십국의 하나인 북한이 이곳을 수도로 삼았다가 송나라에 항복했다. 요나라는 북한을 지원하여 송과 대적하였다.

*영기 전쟁에서 사용하는 깃발을 말한다.

사막 몽골 고원 중부에 있는 고비 사막. 서쪽은 타림 분지, 동쪽은 흥안령산맥에 닿아 있어, 내외 몽골의 경계를 이룬다. 대부분 암석 사막이다. ⓒ구광자.

『요사』에서는 태조는 군자의 덕이 있어서 발해의 족장을 없애지 않았다고 칭송했다.

성종 통화 14년에 소한가노가 "발해와 고려 그리고 진이 합종연횡을 합니다"고 말했다. 21년에 발해가 조공했다. 개태 중에 남부재상南部宰相 대강예大康乂가 "포로모타蒲盧毛朶의 경계에 발해인이 많으니 이를 취하시길 바랍니다"고 하니 조서를 내려 이를 따랐다. 병사들을 거느리고서 대석하발해 건국터 오동성 부근의 강의 타준성에 이르러 수백 호를 약탈하여 돌아왔다고 한다. 그리고 발해의 황피실군을 몸소 정벌했다고 한다.

『오대사』에 "후주의 세종 현덕 연간이 끝날 때까지 발해 사신이 언제나 왔다"고 쓰였다. 『송사』 송기 열전에 송기가 변방의 일을 얘기하기를, "발해의 병마와 토지가 해의 족장보다도 더 강성합니다. 비록 거란을 힘써 섬기지만 모두가 요나라가

포로모타 여진의 부락으로 함경남도 함흥 일대 혹은 중국 길림성 연길시 일대로 추정된다.

그 왕을 죽이고 나라를 멸망시킨 데 대한 원한을 품고 있습니다"고 했다.

『문헌통고』에는 "야율아보기가 부여성을 공격하여 함락시켜서 동단부로 삼았다. 야율아보기가 죽자 대인선이 그 아우에게 명령을 내려 군사를 거느리고서 부여성을 공격하게 했는데 이기지 못하고 돌아왔다"고 쓰였다.

천성 4년, 장흥 2, 3, 4년, 청태 2, 3년에 사신을 보내서 방물을 바쳤다. 송의 태종 돈화 2년 겨울에 발해가 조공하지 못해서 여진에 조서를 내려 공격했다. 호삼성胡三省*이 "발해는 오대에서 송에 이르렀다. 야율[요나라 왕실의 성씨로 요나라를 지칭]이 비록 자주 군대를 보냈으나 굴복시킬 수 없었다"고 했다.

이를 보건대 발해는 일찍이 망하지 않았다. 부유부 염부왕은 비록 성명이 언급되지 않았지만 태종의 조서를 보면 그가 대 씨의 후예임을 알 수 있다. 그렇지만 발해의 멸망이 어느 때에 있었는지는 알 수 없다.✱

호삼성 송, 원 시대의 인물. 『자치통감』을 주석했다.

✱ 이 시대의 사가들은 부흥운동과 유민들의 활동까지를 나라의 연속으로 보았다.

발해의 신하들

대문예, 대일하大壹夏, 마문궤馬文軌, 총물아蔥勿雅

　　대문예는 무왕의 아우다. 무왕이 대문예한테 흑수말갈을 치게 했다. 대문예가 일찍이 볼모로 당나라에 있었으므로 그 이롭고 해로움을 알았다.

　　그가 국왕에게 "흑수말갈이 관리를 청하는데 우리가 공격하면 이것은 당나라를 배반하는 것입니다. 당은 큰 나라입니다. 병사가 우리보다 만 배나 더 많습니다. 그 나라와 원한을 맺으면 우리는 또 망합니다. 옛날 고구려가 번성했을 적에 병사가 30만 명이었습니다. 당나라에 대적했으니 강력하다고 할 수 있습니다. 그런데도 당나라 군대가 쳐들어와서 싹 휩쓸었습니다. 지금 우리나라의 군대를 고구려와 견주어 보면 삼분의 일밖에 안됩니다. 국왕께서 이를 거스르려 하는데 잘못입니다"라고 말했다. 국왕이 이 말을 따르지 않고 억지로 파견하였다.

군대가 흑수말갈과의 경계에 이르렀을 때에 그는 또 굳이 간하였다. 국왕이 성화가 나서 종형 대일하를 보내서 장수를 대신하게 하고, 대문예를 불러서 죽이려고 했다. 대문예가 두려워서 그 무리를 버리고 지름길로 당나라로 달아났다. 당나라 현종이 그를 우효위장군으로 삼았다.

국왕이 마문궤와 총물아를 보내서 황제에게 글을 올려 대문예의 죄상을 말하고 죽이기를 요청했다. 당나라에서는 대문예를 안서安西[안서도호부니 현재의 신강성 일대]에 거처하게 했다. 그리고 "대문예는 곤궁해서 나한테 왔으니 마땅히 죽일 수가 없고 이미 영남[지금의 중국 광서장족자치구 광동성 일대] 지방으로 내보냈다"고 대답했다. 아울러 마문궤와 총물아를 머무르게 하고서 별도로 홍려소경鴻臚少卿 이도수李道邃와 원복源復을 보내서 칙지를 밝혔다.

국왕이 이를 알고서 황제에게 글을 올려 "큰 나라는 사람들에게 신의를 보여야 하는데 어찌 속일 까닭이 있습니까? 듣건대 지금 대문예는 영남으로 향하지 않았다고 합니다. 예전에 아뢴 것처럼 그를 죽이기를 바랍니다"고 했다.

청동제 관리상 연해주에서 출토된 유물로 청동으로 만든 발해 관리의 모습이다.

이도수와 원복이 관속들을 잘 감독하지 못해서 이 같은 사실이 누설되었으므로 현종이 성화가 났다. 이도수를 조주 자사로 그리고 원복을 동주 자사로 좌천시켰다. 곧바로 대문예를 영남으로 가도록 하고서 이를 알렸다.

국왕이 대문예를 못마땅하게 여겨 책망하기를 그치지 않아서 몰래 사람을 동도東都[하남성 낙양시]로 들여보내 자객을 모아 천진교의 남쪽에서 대문예를 칼로 찌르게 했다. 대문예는 이를 막았고 죽지 않았다. 현종이 하남에 조칙을 내려 자객들을 잡아서 죽이게 했다.

대야발大野勃, 대굉림大宏臨, 대신덕大新德

대야발은 고왕의 아우다.
대굉림은 문왕의 세자다.
대신덕은 선왕의 세자다.

임아상任雅相, 장문휴張文休

임아상은 무왕의 외숙이다.
장문휴는 무왕 때의 대장이다.

대상청大常淸, 대정한大貞翰, 대청윤大淸允

정원貞元 7년[791] 정월에 문왕이 대상청을 시켜서 당에 조공했다. 대상청은 당나라에서 위위경동정衛尉卿同正의 직위를 받고서 돌아왔다.

대정한과 대청윤은 모두 문왕 대의 왕자다. 대정한은 정원 7년 8월에 당에 조공하러 가서 숙위*할 것을 요청했다.

* 숙위 당나라의 인접 국가의 왕자들이 당나라 궁정에 머무르면서 황제를 호위하던 의장대에 참가하는 것을 말한다.

대청윤은 정원 10년 정월에 당에 조공했다. 당나라에서는 그를 우위장군 동정을 제수했고, 그 밑에 있는 30여 명에게도 관직을 차등 있게 주었다.

대능신大能信, 여부구茹富仇

대능신은 강왕의 조카다.

여부구는 관직이 우후루번장 도독이다. 정원 14년에 강왕이 보내서 당에 조공했다.

이 해 11월에 당나라에서는 대능신에게 좌효위중랑장을, 그리고 여부구에게는 우무위장군을 제수하여 돌아가게 했다.

대예大叡

장경長慶 4년|824| 2월에 선왕이 대예 등 다섯 명을 보내 당에 조공하게 했고 숙위할 것을 요청했다.

대명준大明俊, 고보영高寶英, 대선성大先晟

대명준은 대이진 대의 왕자다. 대화 6년에 국왕이 대명준 등을 보내서 당에 조공했다.

고보영의 관직은 동중서同中書 우평장사右平章事다. 대화大和 7년 |833|* 정월에 국왕이 보내서 당에 조공했다. 책명을 내렸다. 그래서 학생 세 명을 보내서 상도|당나라의 수도|에 가서 학문을 닦도

대화 대화大和의 大는 太와 같다.

장안 현재 섬서성 서안시의 옛 이름으로 한나라와 당나라 때 도읍지였던 곳으로, 낙양에 견주어 서도西都 혹은 상도上都라고도 한다. 당나라 때 부르던 이름인 장안長安이라는 지명으로 잘 알려진 곳이다. 당나라 태종 때까지만 해도 장안은 재정이 궁핍했는데, 당 고종 때부터 조금씩 사정이 나아지다가 현종에 이르러 전성기를 이루며 로마와 함께 세계의 중심지로 등장했다. 사진은 장안의 명소인 화청지라는 온천 별궁으로 당 현종 때 조성되었다.

록 요청했다. 먼저 학생 세 사람을 보냈는데 이들은 학업을 조금 성취하자 본국으로 돌려보내 줄 것을 요청하니 당이 허락했다.

대선성도 대이진 대의 왕자다. 이 해 2월에 대선성 등 여섯 명을 입조하게 했다. 당나라의 시인인 온정균溫庭筠이 다음과 같이 '발해 왕자가 본국으로 돌아가는 것을 배웅하며'란 시를 지었다.

> 비록 국경 넘어 바다가 첩첩이 있어도
> 문화와 문물은 원래 한집안을 이루니
> 빛나는 공훈을 세운 그대는 고국으로 가고
> 그대의 아름다운 시는 중국에 남았다.
> 국경에는 가을이 깊었는데
> 돛을 펴면 새벽 노을에 다다른다.
> 궁궐의 풍월이 멋있는데

고개를 돌리니 하늘가로다.

고원고高元固

고원고가 민중閩中|중국 복건성|으로 당나라의 진사 서인徐寅을 방문해서 "우리나라 사람이 당신의 「참사검斬蛇劍」, 「어구수御溝水」, 「인생기하人生幾何」라는 부賦|자신의 감상을 미사여구로 표현하는 운문| 세 편을 금으로 써서 병풍을 만들어 벌려놓았다"고 했다. 서인이 기뻐서 시를 지어 주고 '발해빈공|빈공과에 합격한 발해인| 고원고 선배'라고 불렀다. 그 시는 다음과 같다.

어느 해에 계수나무 가지 꺾어 돌아가다가,
민산에 와서 나의 시를 물노니
기꺼이 금물로 써서 병풍을 만들다니
누가 형편없는 내 글을 가지고 해 뜨는 곳으로 갔나?
담자는 옛날에 공자님을 만났고
유여는 고대에 진나라 궁궐을 풍자했네.
아! 큰 나라의 학덕 높은 선비들,
그 몇 사람이나 검소한 풍습을 떨칠 수 있나?

'선배'나 '계수나무 가지 꺾어'라고 한 것은 이미 진사가 된 것을 뜻한다. 서인은 건령乾寧|894~898| 때에 진사가 되었고 그때에 왕심지王審知|중국 오대십국 중 민閩나라의 건립재에 의지했으니 고원고는 대인선 때의 사람이다.

대원겸大元兼

대인선의 조카다. 관직은 학당친위學堂親衛*다. 후당 동광同光 2년(924)에 국왕이 보내서 당나라에 입조하여 시국자감승試國子監丞*이 되었다.

고인의高仁義, 덕주德周, 사나루舍那婁, 고재덕高齋德

고인의의 관직은 영원장군 낭장이다.

덕주는 유장군 과의도위다.

사나루는 별장이다.

고제덕은 수령이다.

무왕 때에 이들은 함께 일본으로 사행을 했는데 하이蝦夷(아이누족)의 지역에 도착했다. 이곳에서 고인의 이하 열여섯 사람이 살해를 당했다.

고제덕은 여덟 명과 함께 출우국出羽國(일본의 야마가타 아끼대)으로 달아나서 겨우 이를 모면했다. 국서를 올리고 일본의 사신인 조신충마려와 함께 왔다. 빛깔 있는 비단 10필, 얇은 비단 10필, 두꺼운 비단 20필, 실 100꾸러미, 솜 200둔을 바쳤다.

서루덕胥婁德*, 이진몽已珍蒙, 이알기몽已閼棄蒙

서루덕의 관직은 약홀주 도독 충무대장군이다.

이진몽은 운휘장군이다.

학당친위 발해의 교육기관인 주자감의 관직으로 추정된다.

시국자감승 당나라의 중앙교육기관인 국자감의 관직

서루덕 국립도서관본에는 루가 요要로 표기되어 있다.

이알기몽은 수령이다.

문왕 때에 일본으로 사행을 했다. 서루덕은 배가 뒤집혀서 이알기몽 등 마흔 명과 함께 죽었다.

왜왕이 태극전에서 이진몽의 활쏘기를 보았다. 그리고 중궁에서 이진몽에게 발해악渤海樂을 연주시켜서 들었다. 미농 지방의 비단 30필, 비단 10필, 실 150꾸러미, 솜 200둔을 보냈다.

처음에 일본인 조신광성朝臣廣成 등이 당에 입조하고 돌아오는데 소주蘇州[중국 상해 부리]에서 항해를 했는데 곤륜국崑崙國[중국 남방 지역의 살갗이 검은 만족蠻族들이 사는 나라]에 표착했다. 그곳에서 많은 사람이 잡혀서 죽임을 당했다. 조신광성은 여덟 명과 함께 겨우 이를 모면하고 당나라로 되돌아왔다. 등주에서 항해를 해서 발해의 경계에 도착했다. 국왕이 서루덕 등을 따라가서 귀국하도록 명령했다.

모시몽慕施蒙

그의 관직은 보국대장군輔國大將軍이다. 문왕 때에 75명을 거느리고서 일본으로 사행했다. 왕의 지시에 따라 10여 년 동안 사행을 안 보낸 까닭을 물으니, 왜왕이 고구려의 옛 기록[舊記]를 원용하여 국서가 관례에 어긋났다고 꾸짖었다.

양승경楊承慶, 양태사楊泰師, 풍방례馮方禮

양승경의 관직은 보국장군輔國將軍이다.

양태사의 관직은 귀덕장군歸德將軍이다.

풍방례의 관직은 판관判官이다.

문왕 때에 함께 일본으로 사행을 했다.

처음에 일본의 사신 조신전수朝臣田守 등이 와서 당나라의 소식을 물었다. 그들이 돌아가 왜왕에게 말하기를 "천보 14년 을미년 11월 9일에 어사대부 범양절도사 안녹산이 군대를 동원해서 난을 일으켰는데 스스로 대연 성무황제라고 했고, 범양을 영무군으로 고쳤고, 그 집을 잠룡궁으로, 연호는 성무로 했으며, 그의 아들 안경서를 남겨서 지범양군사로 삼았다. 그 자신은 정예 기병 20여 만 명을 거느리고 남하해서 곧바로 낙양으로 들어갔다. 백관을 임명했다. 천자는 안서절도사 가서한哥舒翰에게 30만의 무리를 거느리고서 동진관潼津關|동관|을 지키게 했고, 대장 봉상청封常淸한테 15만의 무리를 거느리고서 별도로 낙양을 포위하게 했다.

천보 15년에 안녹산은 장군 손효철孫孝哲 등으로 하여금 2만 명의 기병을 거느리고서 동진관을 공격하게 했다. 가서한은 동진의 언덕을 무너뜨려 황하로 떨어지게 해서 그 통로를 끊고서 돌아갔다. 손효철은 산을 뚫어서 길을 트고서 군대를 이끌고 신풍新豐|중국 섬서성 서안 동교|으로 들어왔다. 6월 6일에 천자는 검남劍南으로 갔다. 7월 갑자일에는 황태자 여璵|당나라 숙종|가 영무靈武 도독부都督府에서 황제로 즉위했고 지덕至德|756~757|으로 개원했다'고 했다. 아울러 안동도호 왕지현王志玄이 발해를 방문해서 천자가 발해에게 칙서를 내려 준 일도 말했다.

왜왕이 태재부太宰府에 명령을 내려서 "안녹산은 미친 오랑캐

안녹산의 난 당나라 현종 대 국력이 절정에 달했고 전통문화도 집대성되어 외형적으로는 성장을 거두었으나 내면적으로는 초기의 지배 체제를 지탱하던 제도들과의 붕괴로 모순이 응축된 상황이었다. 이러한 정치 경제적 모순이 양귀비와의 애욕 생활로 나날을 보내던 현종의 측근이자 양귀비 집안이었던 양국충과 지방의 무장이었던 안녹산의 실력대결로 비화된 사건이었다.

로 교활한 녀석이다. 하늘을 어기고 반역을 했으니 일이 반드시 이롭지 않다. 그가 서쪽을 도모할 수가 없을 것이다. 반드시 되돌아 와서 해동을 노략질할 것이다. 대이길비大貳吉備 조신진비朝臣眞備는 석학이다. 중임을 맡기니 이 상황을 알아서 미리 기발한 계책을 마련하는 것이 당연하다. 그들이 오지 않더라도 준비해 두면 뉘우침은 없을 것이다. 가장 상책의 꾀와 그에 따른 준비를 하나하나 모두 써서 보고하라"고 했다.

이때에 양승경 등이 일본에 이르렀다. 왜왕이 양승경에게 정삼위를, 양태사에게는 종삼위 그리고 풍방례에게는 종오위를 주었고, 녹사 이하 열아홉 명에게는 하사품을 주었다. 그리고 기촌전성忌村全成으로 하여금 양승경을 따라가 당에 들어갔던 일본 대사 조신하청朝臣河淸을 발해로부터 맞이하라고 했다. 비단 30필, 미농 지방의 비단 30필, 실 200꾸러미, 솜 300둔, 수놓은 비단 4필, 양면 비단 2필, 촘촘한 비단 4필, 흰 비단 10필, 빛깔 있는 비단 30필, 수놓은 흰 비단 100첩을 바쳤다.

고남갑高南甲, 고흥복高興福, 이능본李能本, 안귀보安貴寶

고남갑의 관직은 보국대장군 겸 장군 현도주 자사 겸 압위관 개국공이다.

고흥복은 부사다.

이능본은 판관이다.

안귀보는 해비解臂다.

문왕 때에 그들은 함께 일본으로 사행을 했다. 중대성의 첩牒

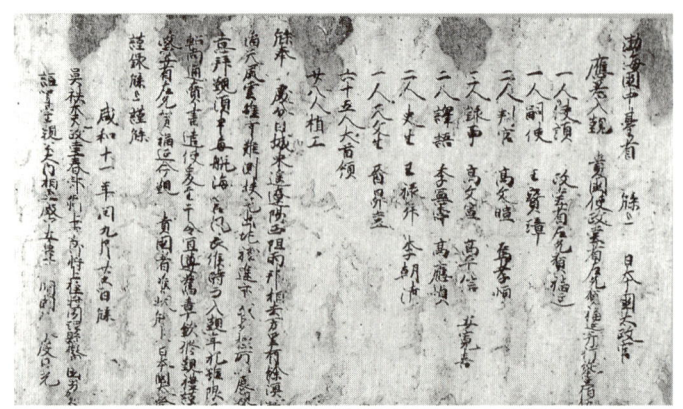

발해 외교 문서 841년 발해의 중대성에서 일본으로 보낸 국서의 필사본이다. 사신 일행은 모두 105명으로, 대사 하복연 밑에 부사, 서기, 통역, 기상관측자 등이 있으며, 그 밖에 수령과 뱃사공 등도 적혀 있다.

|공문서|으로써 보고하기를, '등원하청藤原河淸을 마중하는 사신은 모두 아흔아홉 명인데, 당나라의 안녹산과 사사명이 잇달아 난을 일으켜서 안팎이 소란하고 거칠다. 그들이 피해를 입을까 두렵다. 다만 우두머리 고원도高元度 등 열한 명을 보내서 하청을 맞이하게 한즉 이 사신을 차출하여 함께 보냈'고 했다.

고남갑 등이 그 사신 양후陽侯 사령구史玲璆와 함께 와서 비단 30필, 미농 지방의 비단 30필, 실 200꾸러미, 솜 300둔을 바쳤다.

이능본은 나중에 왕신복의 부관이 되어서 다시 일본으로 사행을 했다.

양방경楊方慶

문왕 때에 하정사賀正使|새해를 축하하는 사신|로서 당에 입조했는

데, 일본의 등원하청을 영접하려는 사신 고원도가 따라 갔다.

왕신복王新福, 양회진楊懷珍, 달능신達能信

왕신복의 관직은 자원대부 행정당좌윤 개국남이다.

양회진의 관직은 판관이다.

달능신의 관품은 오품이다.

이들은 문왕 때에 스물세 명을 거느리고 일본으로 사행을 했다.

왕신복은 왜왕에게 당나라 일을 말하기를 "이씨 집안[당나라 왕실]의 태상太上[당나라 현종]과 소제少帝[숙종]도 죽고 광평왕廣平王[대종]이 섭정하는데 해마다 흉년이 들어서 백성들이 서로 잡아먹는 지경입니다. 사씨 집안의 조의朝義[사사명의 아들 사조의]가 성무황제聖武皇帝를 칭하는데 성미가 어질고 너그러워서 많은 사람들이 그를 따릅니다. 군대도 매우 강해서 감히 당할 사람이 없습니다. 등주[중국 하남성 등현]와 양양襄陽[중국 호북성 양번의 교외]이 이미 사조의에게 속했고 당 왕실은 오직 소주[강소성 소주시]만을 가지고 있습니다. 황제를 알현하러 가는 길은 참말로 쉽게 통행 못합니다"고 했다. 이번 사행에 이능본은 부사였다.

일만복壹萬福, 모창배慕昌拜

일만복의 관직은 청수대부青綬大夫다.

모창배는 부사다.

이들은 문왕 때에 325명과 함께 17척의 배를 타고서 일본으로 사행을 했다.

출우국에 도착했는데 왜왕이 국서가 관례에 어긋났다고 해서 신물信物|서로 주고받는 물건|을 받지 않았다. 일만복이 재배하고서 땅에 엎드려 울면서 "국왕은 똑같습니다. 저희들이 귀국하면 반드시 죄를 묻게 됩니다"라고 하였다. 드디어 국서를 고쳐서 국왕을 대신하여 감사를 표하였다.

왜왕이 일만복에게 종삼위를 주고, 왕에게 글을 쓰기를, "이번에 온 글은 갑자기 글을 짓는 법식을 고쳤고, 날짜 밑에 신하의 관품과 성명을 기입하지 않았으며, 글 끝에 천손天孫이란 참호僣號|자신의 신분에 넘치는 자칭 칭호|를 거짓으로 진술했다. 그리고 고 씨 시대|고구려|에는 병란이 끊임없어서 조정의 위엄을 가장하려고 그들이 형제라고 불렀는데, 지금의 왕은 일찍이 어떤 사유도 없이 아저씨와 조카라고 칭한 것은 예를 잃은 것이다. 다음 해의 사신은 그러지 마라"고 했다. 그리고 발해왕에게 미농 지방의 비단 30필, 비단 30필, 실 200꾸러미, 탄 솜 200둔을 바쳤다.

모창배는 일본에서 죽었다. 일만복은 일본의 사신 무생조수武生鳥守와 함께 왔다. 도중에 풍랑을 만나서 능등국能登國|일본의 이시카와 현 북부에 있던 나라|에 표착했는데 모두가 겨우 죽음을 모면했다. 일본은 발해에게 '능등'이란 이름의 배를 보냈다. 그리고 선신船神|배의 신|에게 기도했더니 징험이 있어서 그 배에게 종오위를 제수하고 비단 관을 하사했다. 그 관은 겉은 비단으로, 속은 가는 비단으로 만들었는데, 붉은 갓끈을 댔다.

오수불烏須弗

그는 문왕 때에 일본으로 사행을 했는데 능등국에 도착했다. 국사國司가 그 까닭을 물었다. 오수불이 글을 써서 "발해와 일본은 오랫동안 좋은 이웃으로 오가며 조빙하기를 형제와 같이 했습니다. 근년에 일본의 내웅內雄 등이 발해에 살면서 음성音聲을 연구한 후 본국으로 돌아갔습니다. 지금 10년이 지났는데 안부를 듣지 못했습니다. 이래서 대사 일만복 등을 뽑아 일본에 가서 일본왕을 알현하게 했습니다. 4년이 지났는데도 이들도 본국으로 돌아오지 않았습니다. 그래서 다시 대사 오수불 등 마흔 명을 차출해서 조문을 직접 면전에 받들어 올리는 것이지 다른 일이 아닙니다. 진헌할 물건과 가지고 온 글은 모두 배 안에 있습니다"라고 대답했다.

대정관大政官|태정관|이 서신이 관례에 어긋난다고 해서 안 받았다. 그리고 말하기를 "발해의 사신이 이 길로 왔는데, 옛날에 금지했다. 지금부터는 예전처럼 축자도築紫道|큐슈|로 와야 한다"고 했다.

사도몽史都蒙, 고록사高祿思, 고울림高鬱林, 고숙원高淑源, 사도선史道仙, 고규선高珪宣

사도몽의 관직은 헌가대부 사빈소령 개국남이다.
고녹사는 대판관*이다.
고울림은 소판관이다.

> **대판관** 사신단에 판관이 다수일 경우 대판관, 소판관으로 나뉜다.

고숙원은 판관이다.

사도선은 대녹사大錄事다.

고규선은 소녹사다.

그들은 문왕 때에 187명을 거느리고서 일본으로 사행해서 왕비의 장례식을 알리고 아울러 왜왕의 즉위를 축하하고자 했다. 도중에 풍랑을 만나서 배가 침몰당했는데 겨우 46명이 살았다. 고숙원과 소녹사 한 사람도 죽었다.

일본인이 "오수불이 돌아갈 때에 대정관이 처분하기를, 발해의 사신은 마땅히 옛 범례에 따라서 태재부를 향해야 하는데 이 길을 따라서 올 수 없다고 했다. 지금 약속을 어겼는데 어찌된 것인가?"라고 물었다.

사도몽 등이 "실제로 이 지문을 받았습니다. 그래서 우리들은 폐읍의 남부南府 토호포吐號浦를 출발해서 서쪽으로 대마도 죽실진竹室津을 향했습니다. 그러나 바다 가운데서 풍랑을 만나서 이 금지 구역에 도착했습니다. 약속을 어긴 죄 피할 길이 없습니다"라고 대답했다.

일본이 또한 열여섯 명을 해안에 따로 머무르게 하려고 했다. 사도몽이 이것은 일신을 갈라서 등을 떼어 내고 팔다리를 끊어서 엎드려 기도록 하는 것과 같다고 했다. 일본이 곧 함께 들어가는 것을 들어줬다. 그들은 왜왕이 중각에서 말 타는 것과 활 쏘는 것을 보았다. 사도몽도 참여했다.

일본의 사신인 전계殿繼가 함께 와서 비단 50필, 실 200꾸러미, 솜 300둔을 바쳤다. 사도몽이 더 요청하니, 황금 100소량, 수은 100대량, 황금빛 옻 1항아리, 옻 1항아리, 동백 기름 1항아리, 수정 염주 4꿰미, 빈랑나무 부채 10자루를 바쳤다. 왕후의 부의賻儀로 비단 20필, 가는 비단 200필 그리고 솜 200둔을 냈다.

장선수張仙壽

그의 관직은 헌가대부 사빈소령이다. 문왕 때에 일본으로 사행을 했다. 왕지를 가지고서 '일본의 사신인 조신전계 등이 길을 잃어서 원이遠夷*의 지역에 표착했는데 배가 부서져서 배 두 척을 만들어 돌아가게 했다'고 전했다. 왜왕이 내사內射[궁궐 안에서 하는 활쏘기]하니 장선수도 참여했다.

고반죽高伴弼, 고설창高說昌

고반죽은 압령이다.
고설창은 통사다.
문왕 때에 함께 일본으로 사행했다. 국서가 준례에 벗어나서 받지 않고, 또한 축자도를 경유하지 않았다고 꾸짖었다.
철리부의 관인이 고설창의 윗자리에 앉고자 다투었다. 대정관이 그 반위를 다르게 만들었다.
고반죽의 배가 부서져서 일본에서 배 아홉 척을 주어 돌아가게 했다.

*원이 현재의 연해주 캄차카 일대인 것 같으나 의문이다.

여정림呂定琳

그의 관직은 정간대부 공부낭중이다.

강왕 때에 60명을 거느리고서 일본으로 사행했다.

오랑캐 지역의 지리파촌志理波村에 표착되었는데 약탈을 당해서 사람들이 많이 흩어졌다. 출우국에서 그 상황을 말했다. 왜왕이 그들을 월후국越後國|니이가타 현으로 보내고 물자를 공급했다. 여정림이 당에 있는 일본인 학승 영충永忠의 글을 왜왕에게 주니 왜왕이 답신을 주었다.

대창태大昌泰

그의 관직은 위慰|위衛의 오기군대장군 좌웅위도장 상주국 개국자다.

강왕 때에 일본으로 사행했다. 왜왕이 태극전에서 접견하는데 네 번 절하기를 두 번 절하는 것으로 줄이고 박수를 못 치게 했다. 그리고 채전綵殿|화려하게 단청을 입힌 궁전을 만들어 향유하게 했다. 발해 사신의 배들이 능등국에 많이 오는데 왜가 그들이 머무는 곳을 고치고 다듬었다.

고남용高南容, 고다불高多佛

(이하의 7명은 어느 왕 때 사람인지 모른다)

고남용은 두 번 일본으로 사행했다. 그 나라에서는 홍려관이나 조집원에서 잔치를 열었다. 그 일본 사신 숙미동인宿彌東人과 함께 왔다. 그는 국서가 관례를 안 따랐다고 해서 버리고 갔다.

고다불은 수령으로서 고남용을 따라갔다. 고남용이 일행과 떨어져서 월전국月前國|일본 후쿠이 현|에 머무르니 왜가 월중국月中國|일본 도야마 현|에 두고서 먹고 살게 했다. 통역을 배우는 학생들더러 발해말을 배우도록 했다.

왕효렴王孝廉, 고경수高景秀, 고막선高莫善, 왕승기王昇基

왕효렴은 대사다.
고경수는 부사다.
고막선과 왕승기는 판관이다.
그들은 함께 일본으로 사행했다.
왜의 국왕이 왕효렴에게 종3위를, 고경수는 정4위하, 고막선과 왕승기는 정5위하를 주었다. 그리고 녹사 이하에게는 녹祿•을 주었다. 당나라 월주 사람인 주광한, 언승칙 등이 일본에서 사신을 따라왔다.

왕문구王文矩

일본으로 사행했다. 왜의 국왕이 풍락전에서 5위 이상에게 잔치를 열었다. 왕문구는 격구를 했는데 왜왕이 솜 200둔을 주었다.

녹 일본 고대 율령 제도에서 관료에게 지급하던 급여

발해의 신하들 • 91

 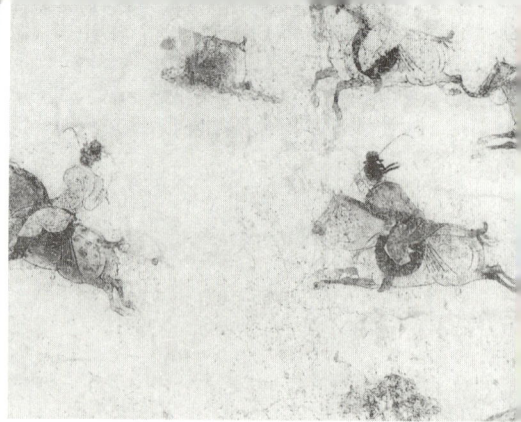

격구 말을 타고 막대기로 공을 쳐서 상대방의 골문에 넣는 경기이다. 고구려의 영향을 받은 것으로 발해의 민속 경기로 자리 잡았다.

위균衛鈞

관직은 철주 자사다. 요나라 천현 원년|926| 정월에 홀한성이 함락되었다. 7월에 위균이 성을 지키니 요의 대원수 요골이 군사를 이끌고 와서 공격했다. 을축일에 성이 함락되었다.

대소현大素賢

벼슬은 사도다. 홀한성이 함락되자 대소현이 요나라에 항복했다. 요나라에서는 그를 동단국 좌차상으로 임명했다. 태종 회동會同 3년|940|에 동경 재상 야율우지耶律羽之는 그가 탐학하다고 해서 삭출했다.

고모한高模翰

일명 송松이라고 한다. 힘이 세고 말타기와 활쏘기를 잘하며 병서 읽기를 좋아했다. 홀한성이 함락되자 고려로 피했다. 고려 국왕이 딸을 처로 주었다. 그러나 죄를 지어서 요나라로 도망쳤다.

여러 번 전공을 세워서 벼슬이 중대성 좌상에 이르렀고 철군개국공燕郡開國公에 봉해졌다. 『요사』에 그의 열전이 있다.

대인선의 신하로 이름이 알려지지 않은 사람들

요나라 천현 원년 정월 경신일에 부여성이 함락되고 그 장수가 죽었다.

요나라 천현 원년 정월 병인일에 국왕이 늙은 재상더러 3만의 군사로 요를 막게 했다. 요나라의 선봉장 척은惕隱|요나라의 관직명| 안단安端과 북부재상北部宰相 소아고지蕭阿古只가 만 명의 기마군을 거느리고 다다르니, 나이든 재상이 싸웠으나 패하여 요에 항복했다. 요나라에서는 나이든 재상을 동단국 우대상右大相으로 임명했다.

요나라 천현 원년 2월 경인일에 안변부, 막힐부, 남해부, 정리부 등 네 개 부의 절도사 모두가 요나라에 항복했다.

요나라 천현 원년 3월에 안변부, 막힐부, 정리부 등 세 개 부가 다시 성을 지켰다. 요나라 척은 안단이 군대를 이끌고 와서 쳤다. 정축일에 세 부가 모두 패했다. 임오일에 안변부의 장군 두 사람이 죽었다.

요나라 천현 원년 5월에 남해부와 정리부가 다시 성을 지켰다. 요나라 대원수 요골이 군사를 이끌고 와서 쳤다. 6월 정유일에 두 개의 부가 패했다.

장령부는 홀한성이 처음 함락될 적에 성을 지키고 항복하지 않았다. 요나라 천현 원년 3월 무오일에 요나라의 이리필|夷离畢| 요나라의 형벌과 감옥을 담당하는 관직| 강묵기|康默記| 좌복야|左僕射|요나라의 관직| 한연휘|韓延徽|가 군대를 이끌고 와서 쳤다. 7월 신사일에 이르러 요나라 국왕이 죽어 왕후인 술률씨|述律氏|가 군국|軍國|의 일을 맡았다. 8월 신묘일에 성이 함락되었다.

홀한성이 함락된 뒤에 이미 항복한 군과 현들이 다시 성을 지켰고 여러 부들이 봉기했다. 요나라의 소아고지는 강묵기와 함께 이를 토벌했다. 유격 기마병 7,000명이 압록부에서 오니 기세가 매우 강했다. 소아고지가 한 번 싸워 이겨서 2,000명 남짓을 죽이고 진군하여 회발성|回跋城|을 함락했다.

신덕申德

벼슬은 장군이다. 고려 태조 8년|925| 9월 병신일에 그 족속 500명과 함께 고려로 도망쳐왔다. 이 해에 요나라가 발해를 공격했고 다음 해에 홀한성이 함락되었다.

대화균大和鈞, 대균로大均老, 대원균大元鈞, 대복모大福謨, 대심리大審理

대화균과 대균로의 벼슬은 예부랑이다.
대원균의 관직은 사정이다.
대복모의 관직은 공부경이다.
대심리의 관직은 좌우위 장군이다.

고려 태조 8년 9월 경자일에 백성 100호를 거느리고 고려로 도망쳐 왔다.

모두간冒豆干, 박어朴漁

모두간의 벼슬은 좌수위左首衛 소장小將이다.
박어의 관직은 검교 개국남이다.
고려 태조 8년 12월 무자일에 백성 100호를 거느리고서 고려로 도망쳐 왔다.

오흥吳興, 스님 재웅載雄

오흥의 관직은 공부경이다.
고려 태조 10년 3월 갑인일에 그 족속 5,000명과 함께 고려로 도망쳐 왔다.
스님 재웅도 그 무리 60명과 오흥을 따라서 고려로 도망쳐 왔다.

김신金神

고려 태조 11년 3월 무신일에 60호를 거느리고 고려로 도망쳐 왔다.

대유범大儒範

고려 태조 11년 7월 신해일에 그 족속과 함께 고려로 도망쳐 왔다.

은계종隱繼宗

고려 태조 11년 9월 정유일에 그 무리와 함께 고려로 도망쳐 왔다.

태조가 천덕전에서 만나 보니 은계종 등이 세 번 절했다. 사람들이 실례라고 하니, 태상 함홍|송함홍宋含弘|이 "영토를 잃은 사람이 세 번 절하는 것은 옛 예법이다"라고 했다.

홍견洪見

고려 태조 12년 6월 경신일에 배 20척에 사람과 물자를 싣고서 고려로 왔다.

대광현大光顯

(대광현의 아들 대도수가 현종 때에 대장이 되었다. 후손 대금취는 고종 때에 대장이 되어서 몽고를 쳐서 공을 세웠다. 영순군으로 봉해져서 마침내 영순태씨가 되었다. 대 자가 태 자로 된 것은 언제인지 모른다.)

대연찬의 세자다.

고려 태조 17년 7월에 수만 명의 무리를 거느리고서 고려로 왔다. 태조가 왕계王繼라는 성명을 내려 주고, 왕실의 종적에 덧붙였다. 원보元甫[고려의 관품]로서 백주白州[황해도 배천]를 지키게 했고 제사를 받들게 했다. 그의 신료들에게도 차등 있게 작위를 주고, 그의 군사들에게는 집과 토지를 주었다.

그 뒤에 요나라에서 사신을 보내어 고려 태조에게 낙타 50필을 주었다. 태조는 거란이 발해와 일찍이 화친했다가 갑자기 의심하여 옛 동맹은 생각지도 않고 하루아침에 멸망시켰는데, 이것은 매우 무도하니 멀리하고 교린하는 것이 안 좋다고 여겨서, 그 교빙을 거절하고 사신 30명을 섬으로 유배시키고 낙타는 만부교 아래에 메어 놓아 모두 굶겨 죽였다.

진림陳林

고려 태조 17년 12월에 그 족속 160명과 함께 고려로 왔다.

만부교 사건

고려 태조 25년[942]에, 태조가 요나라가 발해를 멸망시킨 일을 지적하고 요나라를 견제하겠다는 뜻을 명확하게 밝힌 사건이다. 중국 요나라가 친선을 도모하기 위하여 사신 30명과 낙타 50필을 보냈는데, 태조는 사신들을 섬으로 귀양 보내고, 50필의 낙타를 개성에 있는 만부교라는 다리 밑에 매어 굶어 죽게 한 사건을 말한다. 그래서 만부교를 일명 낙타교라고도 한다. 이를 빌미로 요나라는 세 차례나 고려를 침공하였다.

박승朴昇

고려 태조 21년에 3,000호 남짓을 거느리고서 고려로 왔다.

최오사

(『문헌통고』에는 오사라烏斯羅라고 했다.)

주 세종 현덕 초기에 최오사가 그 족속 30인과 함께 주나라로 귀부했다. 대개 추장이나 호족이다.

대난하大鸞河, 이훈李勛

송 태종 태평흥국 4년[979]에 진양晉陽*을 평정하고 유주幽州[중국 북경 일대]로 병사를 옮겼다. 대난하는 소교小校[하급 무관] 이훈 등 16명과 부족의 기병 300명을 거느리고서 투항했다. 태종은 발해도지휘사渤海都指揮使를 삼았다.

9년 봄에 태종이 대명전에서 잔치를 열었는데 대난하를 불러서 오랫동안 위로했다. 태종은 전전도교殿前都校 유연한劉延翰에게 "대난하는 발해의 우두머리인데 나에게 귀부했으니 그 충성과 순종을 칭찬할 만하다. 무릇 오랑캐 부락의 습속은 말타기를 즐거움으로 삼는다. 한가을을 기다려서 날랜 말 수십 필을 주어서 교외로 나가 사냥하게 하여 그 성질을 따르게 하라"고 하고서, 대난하에게 돈 10만 꾸러미와 술을 내려 주었다.

*진양 중국 산서성 태원으로 북한 정권의 중심지였다

발해의 지리

오경五京

상경 용천부다.
중경 현덕부다.
동경 용원부다.
남경 남해부다.
서경 압록부다.

십오부十五府

용천부龍泉府. 숙신의 옛 땅이다.
현덕부顯德府. 숙신의 옛 땅이다. 용천부의 남쪽이다.

용원부龍原府. 예맥의 옛 땅이다. 또한 책성부柵城府라고 한다. 일본도|일본으로 가는 길다.

남해부南海府. 옥저의 옛 땅이다. 신라도다.

압록부鴨綠府. 고구려의 옛 땅이다. 조공도|당시 당나라인 중원으로 사신 일행이 조공하러 가는 길다.

장령부長嶺府. 고구려의 옛 땅이다. 영주도營州道다.

부여부扶餘府. 부여의 옛 땅이다. 거란부|거란으로 가는 길다.

막힐부鄚頡府. 부여의 옛 땅이다.

정리부定理府. 읍루의 옛 땅이다.

안변부安邊府. 읍루의 옛 땅이다.

솔빈부率賓府. 솔빈의 옛 땅이다.

동평부東平府. 불열拂涅의 옛 땅이다.

철리부鐵利府. 철리*의 옛 땅이다.

회원부懷遠府. 월희越喜의 옛 땅이다.

안원부安遠府. 월희의 옛 땅이다.

육십이주

용천부의 3개 주—용주龍州, 호주湖州, 발주渤州.

현덕부의 6개 주—노주盧州, 현주顯州, 철주鐵州, 탕주湯州, 영주榮州, 흥주興州.

용원부의 4개 주—경주慶州, 염주鹽州, 목주穆州, 하주賀州.

남해부의 3개 주—옥주沃州, 청주晴州, 초주椒州.

압록부의 4개 주—신주神州, 환주桓州, 풍주豊州, 정주正州.

철리 당시에 철리가 존재했다. 그런데 철리의 옛 땅이라고 했으니 철리족이 남진한 뒤의 철리의 옛 땅을 가리키는 것 같다.
또한 여기에 일률적으로 소개된 '--의 옛 땅'이란 '--족'과의 지역적 연고를 의미한다.

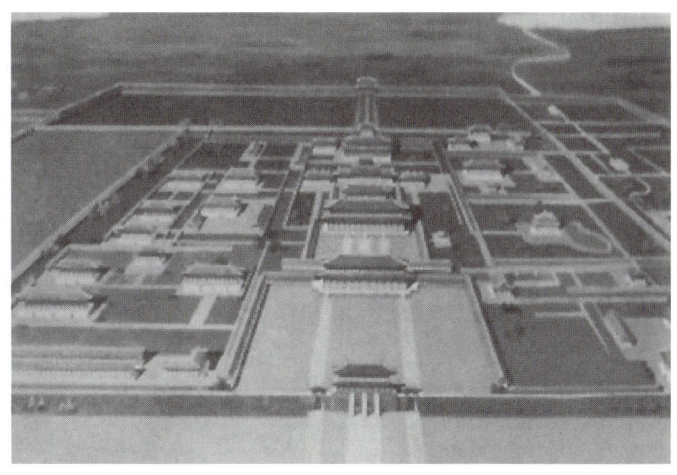

상경성 궁성 복원도 발해국의 수도였던 상경성은 당나라의 장안성과 비견될 정도로 잘 짜인 동아시아 제2의 수도였다. 당나라의 장안성 양식을 본 따 외성, 내성, 궁성의 3중 구조로 되어 있는 정사각형 모양의 성이다.

장령부의 2개 주-하주瑕州, 하주河州.

부여부의 2개 주-부주扶州, 선주仙州.

막힐부의 2개 주-막주鄚州, 고주高州.

정리부의 2개 주-정주定州, 심주瀋州.

안변부의 2개 주-안주安州, 경주瓊州.

솔빈부의 3개 주-화주華州, 개주蓋州, 건주建州.

동평부의 5개 주-이주伊州, 몽주蒙州, 타주沱州, 흑주黑州, 비주比州.

철리부의 6개 주-광주廣州, 분주汾州, 포주蒲州, 해주海州, 의주義州, 귀주歸州.

회원부의 9개 주-달주達州, 월주越州, 회주懷州, 기주紀州, 부주富州, 미주美州, 복주福州, 사주邪州, 지주芝州.

남경 남해부 발해의 오경 가운데 유일하게 한반도에 둔 행정구역으로 지방관이 따로 파면되지 않았던 속주로는 옥주沃州·정주睛州·초주椒州의 3주가 있었다.

안원부의 4개 주—영주寧州, 미주郿州, 모주慕州, 상주常州.

독주주獨奏州|부府에 속하지 않고 중앙에 직접 업무를 보고 처리하는 주는 3개—영주郢州, 동주銅州, 속주涑州.

이상은 『신당서』에 나타나 있는 것으로 모두 62주라고 했으나 60주만 나열되어 있다. 『청일통지』에 곽주郭州가 있지만 여기서는 실려 있지 않은 것으로 보아 당나라 사서에 누락된 것이 있음을 알 수 있다.

그 오경 제도를 보자. 상경 용천부라는 것은 지금의 영고탑寧古塔이다. 중경 현덕부는 지금의 길림吉林이다. 동경 용원부는 지금의 봉황성鳳凰城이다. 남경 남해부는 지금의 해성현海城縣이다. 서경 압록부는 현재 고증할 수 없지만 압록강 근처에 있어야 마

발해의 조공도와 교통로

발해의 조공도와 교통로는 모두 5개였다. 동해 연안을 거쳤던 신라도와 요하 상류와 연결되는 거란도, 요동반도와 산동반도를 잇는 바닷길로 중국으로 왕래하던 조공도와 요서와 요동의 내륙을 이용한 영주도, 바다를 통해 일본과 교류하던 일본도가 그것이다. 러시아 학자들은 시베리아, 중앙아시아와 연결되었던 '담비의 길'이라는 교통로도 있었음을 주장한다. 이러한 교통로를 통해 발해는 활발한 대외 관계를 맺었고, 여러 주변 국가들의 다양한 문화를 흡수하였다.

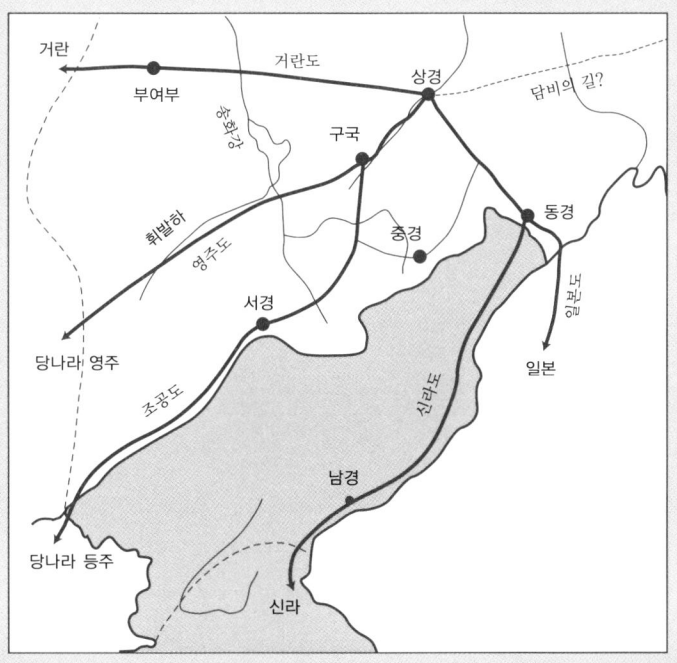

발해의 오경

오경 제도의 유래에 대해서는 여러 가지 의견이 있다. 그러나 가장 유력한 주장은 역사적 전통과 생활권이 다른 소수 민족이 뭉쳐져 형성된 발해라는 나라의 특징을 보아 광대한 영토를 효율적으로 통치하기 위해서 오경을 설치했다는 주장이다.

발해의 오경의 위치는 다음과 같다.

1. 상경 용천부

현재 길림성 영안현 동경성에 있는 옛 성터가 그 유적이다. 3대 문왕이 중경 현덕부에서 이곳으로 천도하였는데, 이후 문왕이 다시 동경 용원부로 천도하였다. 그러다 5대 성왕 때에 다시 이곳으로 수도를 옮

중경 서고성터 서고성 부근에는 정효공주묘를 비롯한 발해무덤 떼가 밀집되어 있고, 용해사, 고산사 등의 유지가 모여 있어 수도로서의 위상을 높여준다. 장방형의 외성은 둘레가 2,790미터이고 흙으로 만들어졌다. 북쪽 외벽은 연길에서 용정으로 가는 큰길가에 나란히 이어지고 있다. 외성의 남쪽과 동쪽 끝에 남아있는 해자는 수로로 활용되고 있으며 남쪽 외성은 인도로 사용된다.

겨 발해가 멸망할 때까지 수도였으므로 발해 정치사의 중심지라고 할 만하다. 이후 거란이 발해의 옛 땅에 괴뢰국인 동단국을 세워 수도로 정했고, 그 이름을 천복성天福城으로 고쳤다. 홀한하(현재의 목단강) 유역에 있었던 탓에 『요사』에서는 홀한성이라 칭했다.

2. 중경 현덕부

발해가 나라를 세웠던 돈화현 육정산 오동성에서 3대 문왕이 이곳으로 수도를 옮겼고, 다시 상경으로 천도하기까지 짧은 기간 발해의 수도였다. 중경의 위치에 대해 여러 설이 있었으나, 현재는 두만강으로 유입되는 해란하와 조양천의 중간 지점에 있는 서고성자가 정설화되어 있다.

3. 동경 용원부

문헌에 "상경의 동남에 있다", "동남해에 가깝다"고 적혀 있어 위치에 대해 여러 설이 있었으나, 1940년대 초에 간도의 혼춘현 반랍성에서 유적이 발굴되어 이곳으로 정설화되어 있다.

4. 남경 남해부

발해의 오경 가운데 유일하게 한반도에 속하는 행정구역으로 함경북도 종성, 함경남도 북청 등 여러 학설이 있었으나 정약용이 주장했던 함경남도 함흥설이 유력하다.

5. 서경 압록부

정약용의 평안북도 자성북안설과 통화 부근의 임강설 등이 있으나 아직 정설이 없다.

서경 압록부 임강시의 압록강에서 바라본 북한의 자강도로 서경 압록부로 추정되는 곳 중의 하나이다. ⓒ한규철.

땅하다.

그런즉 용원으로 동경을 삼고 압록으로 서경으로 했다는 것은 의문이다. 어찌 봉황성 서쪽에 요양의 패수浿水와 같이 또 하나의 압록강이 있었는가? 조공도를 압록에 두었다는 것은 바닷길로 당과 통교한 것이다. 『일본일사』를 살펴보니 등주鄧州와 양양襄陽이 조참朝參하는 길로 좋았다.

남해부가 신라도였다는 것은 또한 바닷길로 신라로 통한 것이다.

『문헌비고』와 『청일통지』에는 압록을 조선도朝鮮道라고 했는데, 이때에는 조선이 없었으니 『신당서』를 따라야 마땅하다.＊

현덕부

본래 조선의 땅이니 곧 평양성이다. 주나라 무왕武王이 기자箕

＊ 이하는 『요사』의 기록에서 유득공이 발췌한 것이다.

子를 봉했다.

한나라 말기에 공손도公孫度가 거처한 곳이다.

진晉나라 대에는 고구려에게 함락되었다.

당나라 대에는 안동도호安東都護를 두었다.

대 씨가 소유하자 중종 때에 홀한주라고 이름을 지었다.

용원부

동남쪽이 바다다.

고구려 시대에는 경주慶州다. 돌을 쌓아 성을 만들었는데 둘레가 20리다.

당나라 설인귀薛仁貴가 고구려를 칠 때에 석성石城에서 활을 잘 쏘는 사람을 잡았다고 했으니 곧 이곳이다.

압록부

고구려의 고국성故國城이다. 높이가 3장이고 동서남북의 길이가 20리다.

동평부

당나라 이세적李世勣이 고구려를 쳐서 요성遼城을 빼앗았다. 정명진程名振과 소정방蘇正方이 신성新城에서 고구려의 병사들을 크게 무찔렀다. 이 모두가 이 땅에서 있었다.

요하, 양장하羊腸河, 추자하錐子河, 사산蛇山, 낭산狼山, 흑산黑山 그리고 건자산巾子山이 있다.

철주

한나라의 안시현安市縣이다.
고구려의 안시성安市城이다.
당 태종이 이를 공격했으나 함락시키지 못했다. 설인귀가 흰 옷을 입고 성에 올랐다고 했으니 곧 이것이다.

탕주

한나라의 양평현襄平縣이다.

흥주

한나라의 해평현海平縣이다.

경주

태보산太保山과 흑하黑河의 땅이다.

발해 전체 지도

환주

고구려의 중도성中都城이다. 처음으로 궁궐을 세웠다. 이를 신국新國이라고 한다.

국왕 쇠釗가 모용황慕容皝에게 패배를 당해서 궁궐이 불탔는데 이것이 바로 그곳이다.

개주

나중에 진주辰州로 고쳤다. 진한辰韓이란 데서 이름을 얻었다.

여러 고을이 늘어서서 요충지였다. 그런즉 고구려의 개모성蓋牟城이다.

당 태종이 이세적을 만나서 공파했다는 곳이 이것이다.

속주

속말강이 있은즉 속말수涑沫水라고 한다. 속말말갈이 사는 곳이다.

현덕부에는 군이 하나다

삼로杉蘆. 현이라고도 하는데 노주蘆州에 속했다.

용원부에는 군이 세 개다

용하龍河. 현이라고도 하는데 염주에 속했다.
회농會農. 현이라고도 하는데 목주에 속했다.
길리吉理. 현이라고도 하는데 하주에 속했다.

압록부에는 군이 두 개다

반안盤安. 풍주에 속했다.
비류沸流. 정주에 속했다. 비류왕沸流王의 고지로 비류수沸流水가 있으며 공손강公孫康이 병합했다.

철리부에는 군이 하나다

철리. 어느 주에 속했는지 알 수 없다. 한나라 대의 양평襄平 땅이었고, 고구려 때의 당산현當山縣이었다.

부나 주를 알 수 없는 군이 세 개다

안정安定.

동산銅山. 고구려의 동산현이다. 용천부의 남쪽에 있다. 한나라 대의 후성현侯城縣으로 북쪽은 산이 많아 험악하다.

안녕安寧. 고리국의 옛 땅이다.

용천부는 현이 다섯 개다

부리富利, 장평長平. 둘 다 용주에 속했다.

공진貢珍. 발주에 속했다.

숙신肅慎, 좌모佐慕. 둘 다 어느 주에 속했는지 알 수 없다.

현덕부는 현이 스물여섯 개다

산양山陽, 한양漢陽, 백암白巖, 상암霜巖. 옛 비리군陴離郡의 땅이다. 한나라 대에 험독현險瀆縣에 속했다. 모두가 노주에 속했다.

영풍永豐. 현주에 속했다. 신선전神仙傳에 선인仙人 백중리白仲理가 신단神丹[신령스런 단약]을 만들 수가 있었는데 쇠를 다루어 황금을 만들어서 백성을 구제했다는 것이 곧 이 땅이다. 한나라 대의 요대현遼隊縣이다.

위성位城, 하단河端, 창산蒼山, 용진龍珍. 모두가 철주에 속했다.

영암靈巖, 상풍常豊, 백석白石, 균곡均谷, 가리嘉利. 모두가 탕주에 속했다.

성길盛吉, 산산蒜山, 철산銕山. 모두가 흥주에 속했다.

장령長寧, 금덕金德. 상락常樂이라고도 한다. 한나라 대의 패수현浿水縣이요. 고구려현高句麗縣이다.

계산鷄山. 한나라 대의 거취현居就縣이다. 옛날에 정령위丁令威가 여기에 집을 짓고 살았는데, 집을 떠나 1,000년 만에 학이 되어 돌아왔다. 화표주華表柱에 모여 부리로 글을 썼다.

새야, 새야, 정령위.
천 년 동안 집을 떠나 지금 돌아왔네.
성 안팎에는 비록 그 사람이 아니구려,
어찌 신선도를 안 배워 저리도 무덤이 많은가.

화산花山. 한나라 때의 망평현望平縣이다.

자몽紫蒙. 한나라 때의 누방현鏤芳縣이다. 불열국이 동평부를 여기에 설치했다.

숭산崇山, 위수潙水, 녹성綠城, 봉집奉集. 모두 어느 주에 속했는지 알 수가 없다.

용원부에는 현이 열다섯 개다

용원龍原, 영안永安, 오산鳥山, 벽곡壁谷, 웅산熊山. 설인귀가 고구려를 칠 적에 고구려 장수 온사문溫沙門과 웅산에서 싸웠다는 곳이 여기다.

백양白楊. 모두가 경주에 속했다.

해양海陽, 접해接海, 격천格川. 모두가 염주에 속했다.

수기水岐, 순화順化, 미현美縣. 모두가 목주에 속했다.

홍하洪賀, 송성送誠, 석산石山. 모두가 하주에 속했다.

남해부의 현은 열여섯 개다

천청天晴, 신양神陽, 연지蓮池, 낭산狼山, 선암仙巖. 모두가 청주에 속했다.

초산椒山, 초령貂嶺, 시천澌泉, 첨산尖山, 암연巖淵. 모두가 초주에 속했다. 동쪽의 경계는 신라요. 서북쪽은 옛 평양성이며, 동북쪽은 해주海州까지 120리다.

옥저沃沮, 취령鷲嶺, 용산龍山, 빈해濱海, 승평昇平, 영천靈泉. 모두 어느 주에 속했는지 알 수가 없다.

압록부의 현은 열 개다

환도桓都, 신향神鄉, 패수浿水. 모두가 환주에 속했다.

신록神鹿, 신화神化, 검문劍門, 안풍安豐, 발각渤恪, 습양隰壤, 협

석석石. 모두 어느 주에 속했는지를 알 수가 없다.

부여부는 현이 열한 개다

포다布多, 부여扶餘, 현의顯義, 작천鵲川, 강사強師, 신안新安, 어곡漁谷, 영령永寧, 풍수豐水, 부라扶羅, 영평永平. 모두 어느 주에 속했는지 알 수가 없다.

회원부는 현이 아홉 개다

부수富壽, 우부優富. 모두 부주에 속했다.
산하山河, 흑천黑川, 녹천麓川. 모두 미주에 속했다.
월희越喜, 회복懷福, 표산豹山, 유수乳水. 모두 어느 주에 속했는지 알 수가 없다.

안원부는 현이 두 개다

모화慕化, 숭평崇平. 모두 모주에 속했다.

부나 주를 알 수가 없는 현이 아홉 개다

장태長泰, 풍영豐永, 웅산熊山, 영봉靈峯, 녹군麓郡, 녹파麓波, 운천雲川, 안이安夷, 만안萬安.

이상은 『요사』에 나타나 있는 지명이다. 요나라 태조가 동으로 발해를 병합해서 얻은 성읍이 103개라고 했다. 그런데 지금 살펴볼 수 있는 군과 현의 이름이 113개니 의문이다.

5경 15부 62주

대부분이 지금의 길림 오라 영고탑과 조선의 경계에 있었다. 요동의 옛 땅은 비록 발해로 들어왔으나 어떠한 행정구역이 설치되었는지를 들은 적이 없다. 『신당서』 「지리지」에 가탐賈耽이 쓴 바를 살펴볼 수가 있는데, 요나라 때 동경의 주와 현은 대개 그 이름을 이어받았고 옛 땅을 회복하지 않았다고 한다. 요사에 발해의 옛 땅이라고 한 것 모두는 실제로 다 그런 것이 아니다.

용천부

한나라 삼국시대 진나라 때에는 읍루국의 땅이다.
후위後魏와 제나라, 주나라 때에는 물길국勿吉國의 땅이다.
수나라 때에는 말갈국의 땅이다.
당나라 때에는 발해로 들어와 용천부가 되었다.
금나라 때에는 상경 회령부會寧府의 땅이다.
원나라 때에는 합란부合蘭府 수달달로水達達路 등이 되었다.
명나라 때에는 건주建州 모린위毛隣衛 등의 땅이다.
지금은 영고탑이다.

현덕부

지금 길림 오라성의 동남쪽에 있다.

『신당서』「지리지」에 "압록강 어귀에서 배로 100리 남짓을 가고 작은 배로 동북쪽으로 30리를 거슬러 올라가면 박작구泊汋口에 도달하여 발해의 경내에 들어갈 수 있다. 또 500리를 거슬러 오르면 구도현성九都縣城*에 다다른다. 이곳이 고구려의 옛 왕도다. 그리고 동북으로 200리를 역류하면 신주神州에 도착하고 또한 육로로 400리를 가면 현주顯州에 이른다. 보중왕寶中王*이 도읍을 한 곳이다' 라고 했다.

살펴보건대 현주는 곧 현덕부. 당나라 선천 2년에 홀한주라는 이름을 내려준 것이 바로 이곳이다.

『요사』에 곧 평양성이라고 한 것, 그리고 요나라에서 설치한 바 동경의 현주를 본래 현덕부의 땅이라고 하는 것들 모두가 잘못이다.

용원부

한나라 때에는 현도군의 땅이다.
진나라 때에는 평주平州에 속했다.
수나라 때에는 고구려의 경주慶州 땅이었다.
당나라 때에는 안동도호부로 들어갔다.
발해 시대에는 용원부가 되었다.
요나라 때에는 개주진국군開州鎭國軍이었다.

구도현성 환도현성丸都縣城으로 보기도 한다.
보중왕 이런 이름의 왕은 없다. 확인한 결과 천보 연간이라고 봐야 한다.

금나라 때에는 석성현石城縣이었다.

원나라 때에는 동녕로東寧路의 봉황성鳳凰城이었다.

지금은 봉황성이다.

남해부

한나라 때에는 현도군의 땅이다. 나중에 낙랑도위樂浪都尉에 속했다.

동한東漢 때에 옥저로 봉했다.

삼국 시대에는 평주 땅이다.

진나라 이후에 고구려의 사비성沙卑城이다.

당나라에서 개주蓋州를 설치했다.

발해로 들어와서 남해부가 되었다.

요나라 때에는 해주海州 남해군이었다.

금나라 때에는 징주澄州 남해군이었다.

원나라 때에는 축소해서 요양로遼陽路로 들어갔다.

명나라 때에는 해주위海州衛였다.

지금은 해성현海城縣이다.

부여부

한나라 때에는 부여국의 땅이었다.

당나라 때에는 흑수黑水 도독부를 두었다.

발해로 들어와서 부여부가 되었다. 또한 용천부가 되었다.

요나라 때에는 동경에 속했다.

금나라 때에는 회령부였는데 상경으로 승격되었다.

원나라 때에는 개원로開元路가 되었다.

명나라 때에는 삼만위三萬衛가 되었다.

지금은 개원현이다.

심주瀋州

한나라 때에는 읍루, 부여, 옥저, 조선 등의 땅이었다.

삼국시대와 진나라 때에는 평주 땅이었다.

후위 때에는 영주營州 땅이었다.

제나라, 주나라 때에는 고구려 땅이었다.

수나라 때에는 영주 땅이었다.

당나라 때에는 발해로 들어와 심양瀋陽이 되어 정리부에 속했다.

요나라 때에는 심주 소덕군昭德軍이었다.

금나라 때에는 심주 현덕군顯德軍이었다.

원나라 때에는 심양로瀋陽路였다.

명나라 때에는 심양 중위中衛였다.

지금은 봉천부奉天府다.

『통지』에 오루하奧婁河라고 하고 그 주석에 오루는 바로 읍루라고 했다.

개주

한나라 때는 서개마현西蓋馬縣이었다.

삼국시대에는 평주 땅이었다.

진나라 이후에 고구려 땅이었다.

당나라 때에는 고구려 개모성蓋牟城이었다. 태종이 그 땅을 빼앗아 개주蓋州를 설치했다.

발해로 들어와 계속해서 개주를 설치했다. 나중에 진주辰州로 고쳤다.

요나라 때에는 진주 봉국군奉國軍이었다.

금나라 때에는 개주 봉국군이었다.

원나라 때에는 개주였다.

명나라 때에는 개주위였다.

지금은 혁평현革平縣[개평현蓋平縣의 오기]이다.

부주

한나라 때에는 읍루국 땅이었다.

수나라 때에는 월희국 땅이었다.

당나라 때에 발해로 들어와 부주가 되어 회원부에 속했다.

요나라 때에는 은주銀州 부국군富國軍이었다.

금나라 때에는 신흥현新興縣이었다.

원나라 때에는 없어졌다.

명나라 때에는 철령위鐵嶺衛가 되었다.

지금은 철령현이다.

삼로군

한나라 때에는 현도군 땅이었다.

진나라 이후에 고구려 땅이었다.

당나라 때에 금주金州를 설치했다.

발해로 들어와 삼로군이 되었다.

요나라 때에는 화성현化成縣|소주 안복군의 오기|이 되었다.

금나라 때에는 소주 안복군安復郡|화성현의 오기|이었다.

원나라 때에는 개주로蓋州路에 속했다.

명나라 때에는 금주위金州衛였다.

지금은 영해현寧海縣이다.

홀한하忽汗河

지금의 이름은 호이합하虎爾哈河•다. 수원은 길림 오라에서 시작된다. 동북으로 옛 회령성會寧城의 북쪽을 거쳐서 90리 남짓을 흘러 영고탑성寧古塔城 남쪽을 휘감아 돌아 다시 꺾어 북쪽으로 700리 남짓을 흘러 혼동강混同江|송화강|으로 들어간다.

당나라 때에는 홀한하라고 일컬었다. 발해 대 씨가 홀한주를 두었다.『신당서』「지리지」에 발해 왕성은 홀한해에 닿았다고 했다.

금나라 때에는 금수金水라고 했는데, 속어로 금을 안출按出이

호이합하 현재 목단강으로, 중국 북동부에 있는 송화강의 지류이다. 길림성 남부에서 시작하여 북쪽으로 흘러 송화강과 합쳐진다. 임산물의 운반과 댐에 이용되며 총길이는 670킬로미터이다.

홀한해 발해라는 국호가 유래된 곳으로 현재 경박호라고 불리는 호수이다. 이 호수에서 동북쪽으로 조금만 가면 상경 용천부가 위치했던 동경성을 만날 수 있다. 대조영이 세운 발해국의 수도 상경이 홀한해에 가까이 있었기 때문에 홀한해의 다른 이름 발해가 국호로 정해졌다.

라고 해서 또한 안출호수라고 일컫는다. 이것이 금원金源*이다.

『명일통지』에는 홀아해하忽兒海河가 북쪽으로 흘러서 송화강으로 들어간다고 했으니 이것이 바로 홀한하다.

상경성

지금의 영고탑성 서남쪽에 있다.

『신당서』에 천보 말기에 대무예*가 상경으로 천도했는데 구국과 300리 거리로 홀한하의 동쪽이라고 했다. 가탐이 말하기를 안동도호부의 동북쪽에서 옛 개모신성蓋牟新城을 거치고 발해의 장령부를 지나 발해의 왕성에 다다르니 1,500리다.

이로써 고증하건대 마땅히 영고탑의 서남 지경에 있어야 하고 상경과 서로 가까운 곳이어야 한다.

『명일통지』에 금이 요를 멸망시키고 발해의 도읍에 설치했

금원 안출호수는 금나라의 상경로에서 발원하기 때문에 금원이라고 했다. 금나라의 명칭도 이곳에서 유래한다.

대무예 원문에는 대무예로 되어 있으나 대흠무로 봐야 한다.

다고 했는데 이것이 그것이다.

평양

한나라의 낙랑군樂浪郡이었다. 나중에 고구려 국왕이 도읍한 곳이다. 또한 장안성長安城이라고 하는데 일명 왕검성王儉城이다.

당나라가 고구려를 평정하고 여기에 안동도호부를 두었다.

나중에 발해로 들어왔다.

지금의 조선 경내에 있다.

곽주郭州

당나라에서 곽주를 설치했다. 발해가 이어받았다. 나중에 요나라에 속했다. 재기載記[사신史臣이 열국列國에 대해 서술한 기록]에는 "요나라가 압록강 북쪽을 고려한테 주니 고려는 흥주興州[흥화진], 철주銕州, 통주通州, 용주龍州, 귀주龜州, 곽주郭州 등 여섯 개의 성을 쌓았다"고 했다. 지금은 조선의 경내에 있다.

모주성慕州城

본래 발해의 안원부다. 녹주에서 서쪽으로 200리 떨어진 곳에 있다. 녹주는 바로 압록부다. 지금의 조선 경내에 있다.

이상은 『청일통지』에 있는 내용이다. 우리나라 경내에 있는

궁예가 쌓은 것으로 추정되는 성 후고구려를 세운 궁예는 고구려를 계승하고 후삼국 가운데 가장 넓은 영토를 차지하였다. 사진은 궁예가 왕건에게 패하고 피신처로 이용했다고 전하는 춘천 삼악산 산성이다.

발해의 땅은 평양, 곽주, 모주 셋이다. 그런데 곽주는 압록강의 북쪽에 있고, 모주는 압록강의 서쪽에 있다고 했으니 의문이다.

살펴보건대, 신라가 통합한 뒤에 동북쪽은 천정군泉井郡으로 경계를 삼았으니 지금의 덕원군德源郡이다. 서북쪽은 당악현唐岳縣으로 경계를 삼았으니 지금의 중화부中和府다. 중화에서 동쪽으로 상원祥原, 수안遂安, 곡산谷山을 거쳐 덕원까지는 모두가 변방의 요새다. 그 밖의 함경도와 평안도의 땅은 모두 발해가 차지했다.

신라가 쇠약했을 때에 궁예가 처음으로 패서浿西에 열세 개의 진을 정했을 평양성 성주 검黔●과 증성甑城의 적의적赤衣賊과 황의적黃衣賊인 명귀明貴 등이 모두 항복했다. 이때에 발해와 거란은 교전하지도 않았는데 이미 그 남쪽 변방을 궁예에게 빼앗긴 것이다.

검 국립중앙도서관 소장본에는 검용黔用으로 달리 표기되어 있다.

거란이 발해를 멸망시켰을 때에 다스린 것은 압록 이북뿐이었다. 그래서 압록 이남의 발해의 군과 현의 연혁이 『요사』에는 빠져서 고증할 길이 없다.

『신당서』에 "발해가 남쪽으로 신라와 맞닿았는데 이하泥河를 경계로 삼았다"고 했다. 『문헌비고』에는 "이하는 덕원의 경내에 있어야 마땅하다"고 했는데 틀렸다. 『요사』를 살펴보건대 "패수가 일명 이하다. 한우초䕌芋草가 자라므로 또한 한우난수䕌芋灤水라고 한다"고 했다. 이것은 요나라 동경의 강을 가리킨다. 요나라의 동경이란 바로 지금의 요양현遼陽縣이다. 『요사』에 동경을 "발해의 중경 현덕부인데 원래 기자를 봉한 평양성이다"라고 했다. 『청일통지』에 아주 자세히 밝혔는데, 대체로 『요사』에서 동경을 평양으로 여겼으므로 패수를 기록한 것이다. 이른바 일명 이하라고 하는 패수는 곧 우리나라 평양의 패수이니 지금의 대동강이다. 신라와 발해의 국경선은 바로 대동강 일대다.

발해의 관직

문관직

선조성宣詔省

    좌상左相.

    좌평장사左平章事.

    시중侍中.

    좌상시左常侍.

    간의諫議.

중대성中臺省

    우상右相.

    우평장사右平章事.

    내사內史.

    조고사인詔誥舍人.

정대성政臺省 |정당성政堂省의 오기||

내각상內閣相|대내상大內相의 오기|(좌상이나 우상보다 높음).

좌사정左司政.

우사정右司政(복야僕射|당나라의 관직과 비슷한데, 좌평장사나 우평장사보다 낮음).

좌윤左允, 우윤右允(이승二丞|당나라의 관직과 비슷함).

충부忠部

경卿(사정司政보다 낮음).

인부仁部

경.

의부義部

경.

발해의 행정기구

발해의 행정 기구는 당나라의 3성 6부 9시제를 거의 그대로 받아들여 3성 6부 1대 7시 1원 1감으로 개편한 관료 체제이다. 3성은 조칙을 기초하는 중대성과 조칙을 심의하는 선조성, 정당성으로 구성된다. 6부는 충부, 인부, 의부, 지부, 예부, 신부로 구성된다. 1대는 중정대이다. 각 조직의 명칭이나 1대, 1원, 1감 등의 조직을 약간 달리한 것은 당의 제도를 모방하였으면서도 주체성을 지니려고 한 흔적으로 볼 수 있다. 지방 행정 기관은 부, 주, 현을 두고, 도독, 자사, 현승 등의 지방관을 두었다.

충부, 인부, 의부를 좌육사左六司라고 한다.

작창爵倉 |작부와 창부|

낭중郎中.

원외員外.

선부膳部.

낭중.

원외.

모두 좌사의 지사支司다.

지부智部

경.

예부禮部

경.

신부信部

경.

지부, 예부, 신부를 우육사右六司라고 한다.

융부戎部

낭중.

원외.

계부計部

    낭중.

    원외.

수부水部

    낭중.

    원외.

    모두가 우사의 지사다.

중정대中正臺

    대중정大中正 어사대부御史大夫와 비슷한데, 사정司政보다 낮다.

    소정小正.

전중시殿中寺

    대령大令.

종속시宗屬寺

    대령.

문적원文籍院

    감監.

    소감少監.

    영令.

대상시 大常寺
　경.

사빈시 司賓寺
　영.
　승.

대농시 大農寺
　경.

사장시 司藏寺
　경.

사선시 司膳寺
　영.
　승.

주자감 冑子監
　감監.
　장長.

권백국 卷伯局 | 항백국 巷伯局의 오기
　시侍 | 상시 常侍의 오기.

무관직

좌맹분위 左猛賁衛

　대장군 大將軍.

　장군 將軍.

우맹분위 右猛賁衛

　대장군.

　장군.

좌응위 左熊衛

　대장군.

　장군.

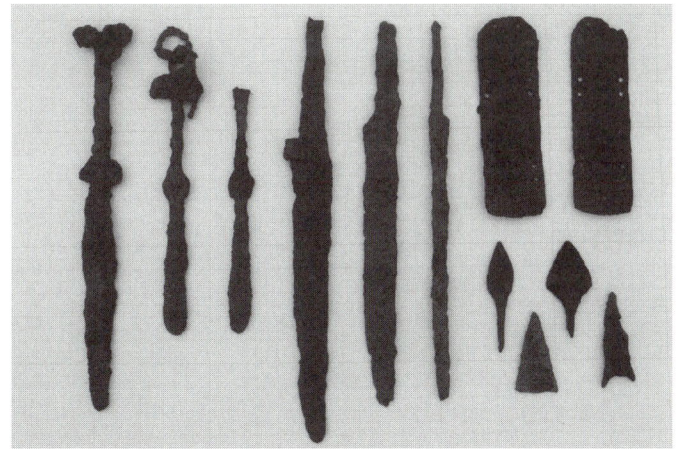

발해의 무기 창, 검, 화살촉과 비늘 갑옷(오른쪽 위)이다. 비늘 갑옷은 고구려 오녀산성에서 발견된 것과 동일한 모양으로 발해가 고구려의 영향을 받았다는 것을 보여준다. ⓒ연합뉴스

우웅위右熊衛

 대장군.

 장군.

좌비위左飛衛

 대장군.

 장군.

우비위右飛衛

 대장군.

 장군.

남좌위南左衛

대장군.

장군.

남우위南右衛

대장군.

장군.

북좌위北左衛

대장군.

장군.

북우위北右衛

대장군.

장군.

  살펴 보건대, 영원장군寧遠將軍, 충무장군忠武將軍, 운휘장군雲麾將軍, 보국장군輔國將軍, 귀덕장군歸德將軍, 자수대부紫綬大夫, 청수대부靑綬大夫, 헌가대부獻可大夫, 정간대부庭諫大夫, 상주국개국공上柱國開國公, 개국자開國子, 개국남開國男 등의 칭호가 『속일본기』, 『일본일사』, 『고려사』 등 여리 사시에 보이지민 그 제도 모두를 모두 꼼꼼이 검토할 수가 없다.

발해의 의장

삼질三秩* 이상은 자의紫衣, 아홀牙笏 그리고 금어金魚.
오질 이상은 비의緋衣, 아홀 그리고 은어銀魚.
육질과 칠질은 옅은 비의와 목홀.
　　팔질은 녹의綠衣와 목홀.
　　요나라 천현 4년에 태종이 요양에 행차할 적에 인황왕人皇王
더러 가마를 깃털로 장식하여 맞이하게 했
다. 건형 5년에 성종이 동경을 순행할 때에
유수가 의위를 갖추어 수레와 가마를 맞이했
는데, 대개 옛 발해의 의장이라고 했다.

질 발해에서는 품을 질이라고 했다.

목홀 벼슬아치가 관원이 조정에 나아가 하례할 때에 입던 예복을 입을 때에 손에 쥐던, 나무로 만든 홀. ⓒ국립국어원.

발해의 복식 이 벽화는 정효공주묘에서 발견된 것으로 윗줄은 무사, 무사, 시위이고, 아랫줄은 모두 악사이다. 이 벽화를 통해 발해의 복식을 유추할 수 있다. 이들이 입고 있는 옷은 포袍 또는 단령團領이라고 불리는 원피스 모양의 옷으로 당시 당나라를 비롯하여 주변국들이 많이 입던 양식이다. 기후 때문에 담비나 표범 등의 동물 가죽으로 만든 갓옷을 입기도 했다. 머리에는 복두幞頭를 쓰고 허리띠를 착용하였다.

    살펴 보건대, 『송사』에 태조가 조보趙普에게 절을 하는데 어째서 남자는 무릎을 꿇는데 부인은 안 꿇는지를 물었다. 조보가 예부의 관리에게 물으니 대답하지 못했다. 왕부王溥의 손자인 왕이손王貽孫이 예법을 잘 알아서 "당나라 태후 이래로 부인이 절을 하되 비로소 무릎을 안 꿇었다는데 대화 연간에 유주 종사 장건장이 『발해국기渤海國記』를 지었는데 그 일을 말했다"고 하자, 조보가 크게 칭찬했다고 했다. 그 책에는 발해의 의문儀文이 실린 것 같으나 우리나라에는 전하지 않는다. 『당서』 예문지에 장건장의 『발해국기』 3권이 실렸다.

발해의 특산물

태백산太白山|백두산의 새삼.*

남해의 다시마.

책성柵城의 메주.

부여의 사슴.

막힐의 돼지.

새삼 이제까지는 토끼라고 해석했는데, 약용 식물인 새삼으로 보아야 한다.

새삼 새삼은 메꽃과의 한해살이 기생 식물. 줄기는 누런 갈색의 철사 모양이며, 잎은 없다. 여름에 흰색 꽃이 가지 끝에서 자잘하게 피고 열매는 삭과蒴果로, '토사자'라고 하여 약용한다. 산과 들에 나는데 한국, 일본, 중국 등지에 분포한다.

솔빈의 말.

현주의 베.

옥주의 솜.

용주의 비단.

위성의 쇠.

노성의 벼.

미타호湄沱湖의 붕어.*

구도*의 오얏.

낙유樂游의 배.

부주의 은.

붕어 원문은 즉어鯽魚로 되었는데, 붕어의 일종이다.

구도 환도丸都라고 봐야 한다는 주장도 있다.

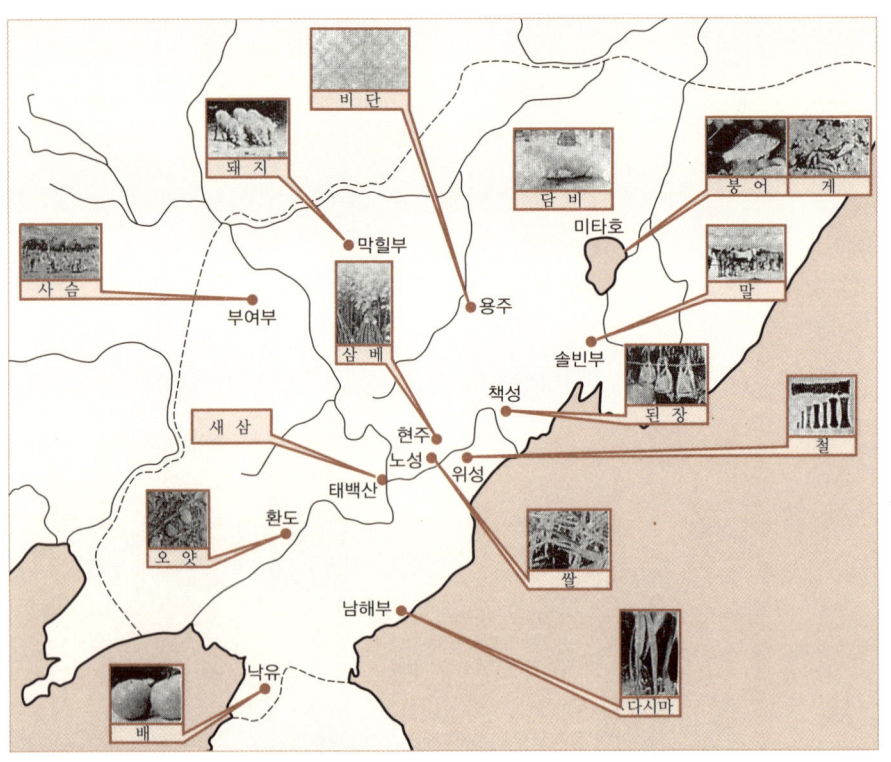

발해의 특산물 지도

발해의 언어

임금을 가독부可毒夫라고 하고, 성왕聖王이라고도 하며, 기하基下라고도 한다.

임금의 명령을 교敎라고 한다.

임금의 아버지를 노왕老王이라고 한다.

임금의 어머니를 태비太妃라고 한다.

임금의 아내를 귀비貴妃라고 한다.

임금의 맏아들을 부왕副王이라고 한다.

임금의 여러 아들을 왕자王子라고 한다.

관품官品을 질秩이라고 한다.

발해 문자가 새겨진 기와 기와에서 나온 발해 문자로 발해국의 기와에서는 숫자, 간지, 성명 등을 한자나 별자체로 새긴 것이 많이 발견된다. ⓒ송기호.

발해의 외교 문서

무왕이 일본국 성무천황聖武天皇에게 준 편지

　무예武藝|대무예|는 아룁니다. 산천과 국토가 다른데, 풍화와 정책을 듣고 더욱 우러러봅니다.

　엎드려 생각하건대, 대왕은 하늘로부터 명을 받아 일본의 터를 잡고, 이를 해가 갈수록 빛을 내고 백세토록 이어 오셨습니다.

　무예는 여러 나라와 외방의 종족을 아울러서 고구려의 옛 거처를 회복하고 부여의 습속을 지녔습니다. 다만 멀리 뚝 떨어져 길이 막히고 바닷물이 넘실대서 소식이 안 통하여 애사나 경사를 듣지 못했습니다. 친절하고 어진 마음으로 서로 돕기로 하고 서로 존경하여 사신을 보내어 이웃끼리 오고 가는 것을 오늘부

담비 발해의 특산물 중 담비는 신분을 뽐낼 수 있는 사치품 중 하나로 일본 등지에서 각광을 받았다. 일부 러시아 학자는 시베리아에서 발해를 거쳐 일본으로 연결되는 모피 교역로를 '담비의 길'이라고 이름 붙이기도 하였다. 이처럼 발해는 모피의 생산지로 예로부터 유명했다. 현재 중국도 만주 일대를 국가보호동물로 지정하여 보호하고 있다. ⓒ국립국어원.

터 시작합니다.

삼가 영원장군 낭장 고인의高仁義와 유장군游將軍 과의도위果毅都尉 덕주德周 그리고 별장別將 사나루舍那婁 등 스물네 명더러 글을 가져가게 했습니다. 아울러 담비 가죽 300장을 보냅니다. 토산품이 비록 천박하나 작은 정성을 표합니다. 가죽은 보배가 아니라 오히려 창피하여 조롱거리나 안 되었으면 합니다. 다스리는 것은 경계가 있고, 식사를 대접하자니 기약할 수가 없습니다. 때때로 소식을 주고받아 좋은 관계를 영원히 지속합시다.

문왕이 일본국 성무천황에게 준 편지

흠무欽武|대흠무|는 아룁니다. 산천이 다르고 국토가 멀리 떨어져서 풍화와 정책을 듣고 오직 우러러봅니다. 엎드려 생각하건대, 천황의 큰 덕은 더 빛나서 세월이 흐를수록 만백성에게 두루 은혜를 미쳤습니다. 흠무는 왕업을 이어받아 처음과 같아서 의리와 정리가 깊어 매번 좋은 관계를 유지합니다.

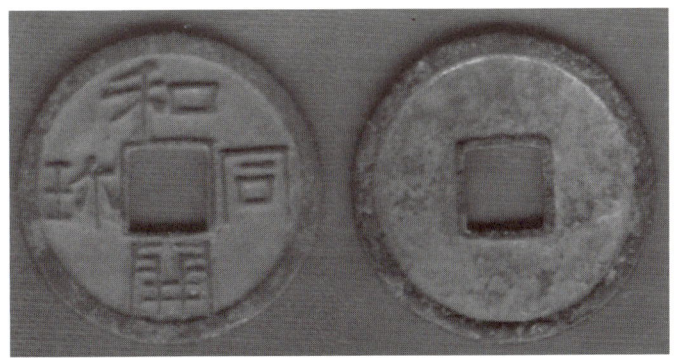

화동개진 당시 발해는 일본에 발해의 특산물인 담비 가죽을 수출하여 많은 이득을 얻었다. 일본과의 교류를 통해 당시 일본 화폐인 '화동개진' 40만 냥을 받기도 하였는데 이를 현재의 돈으로 환산하면 6억 6,000만 원이 된다. 이후 발해 수도에서도 화동개진이 출토된 것으로 보아 일본과 발해의 교역이 활발했음을 알 수 있다.

　지금 귀국의 사신인 조신광업朝臣廣業 등이 바람에 뱃길을 잃어 이곳에 표착했습니다. 각각 후하게 대접하고 오는 봄에 돌려보내고자 했습니다. 그런데 사신 등이 앞을 다투어 올해에 돌아가고자 요청하는데, 그 말이 매우 신중하고 이웃의 의리가 가볍지 않아서 행장을 갖추어 곧 출발시킬 것입니다.
　또한 약홀주若忽州 도독인 서요덕胥要德 등을 차출하여 조신광업 등을 거느리고서 지금 귀국으로 보냅니다. 아울러 범 가죽과 곰 가죽 각각 일곱 장, 담비 가죽 여섯 장, 인삼 서른 근 그리고 꿀 세 말을 들려 귀국에 보내니 잘 살펴서 받아 주십시오.

강왕이 일본국 환무천황桓武天皇에게 준 편지

　슬픈 마음은 다른 글에 썼습니다.
　엎드려 생각하건대, 천황 폐하께서는 하시는 일마다 복이 있

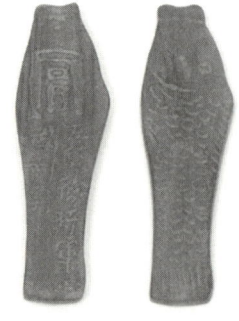

부절 부절, 병부 혹은 발병부發兵符는 왕과 병권을 가진 신하 사이에 미리 나누어 가진 신표로써, 서로 부합하여 차이가 없이 일치해야만 하였다. 발해의 중앙 정부가 부절을 신하에게 발급하면서, 다른 한 쪽을 보관하였다가 사신이 오갈 때, 두 부절을 합쳐서 '합동'이란 글자가 되면 증거로써 삼도록 하였던 것이다. ⓒ전쟁기념관.

으시고, 주무시고 잡수시는 일이 다 잘되길 빕니다.

숭린崇璘|대숭린|은 구차하게 살아있는데, 갑자기 초상을 당했습니다. 관료들의 의로움으로 애통함을 진정하고서 왕위를 계승하여 조상들의 뒤를 이었습니다. 조정은 옛날과 같고 국토도 처음과 같습니다. 나를 돌아보니 참으로 특별한 은택을 받았습니다. 그러나 푸른 바다가 아득한데 파도가 우뚝 하늘로 용솟음치니 직접 식사를 대접할 길이 없어서 다만 더욱 우러러봅니다.

삼가 정간대부庭諫大夫 공부낭중工部郎中 여정림呂定琳 등을 차출하여 바다를 건너가서 옛 우호를 닦게 하고 작은 토산물과 별도의 장문을 갖추었습니다만 거칠고 혼미해서 두서가 없습니다.

하늘에서 재앙을 내려서 할아버지께서 대흥大興 57년|793| 3월 4일에 돌아가셨습니다. 우호 관계가 깊은 사이에는 반드시 애경사를 알려야 도리입니다. 바다로 가로막혀서 늦게야 아룁니다.

숭린은 재앙을 불러들여서 정황이 없습니다. 스스로 죽지 못하여 불효한 죄가 괴로워 벌을 달게 받습니다. 삼가 장문을 애써 올립니다. 거칠고 어지러워 두서가 없습니다. 할아버지를 여원 승린이 고개 숙여 올립니다.

강왕이 일본국 환무천황에게 준 편지 2

숭린은 아룁니다. 사신이 빨리 와서 귀하의 인정과 예절을 펴는데 우두커니 서서 특별한 은택을 받으니 오로지 우러러볼 뿐입니다. 천황께서 굽어보시고 사신을 시켜 전하는 안부 말씀이 귀에 쟁쟁하고, 그 진기함이 눈에 선합니다. 올려 보고 내려 봐도 더욱 즐겁습니다.

여정림 등이 변방의 적을 미처 생각하지 못해 적의 본거지에 빠졌는데, 어찌어찌하여 겨우 살아 본국으로 돌아오게 해주셨습니다. 가고 머물고 서로 의뢰하게 하신 큰 은혜를 받았습니다.

숭린은 부덕한데도 요행히 때가 되어 선대의 관작을 이어서 옛 영토를 통치하게 되었습니다. 황제의 명과 책서 등을 겨울에 받았는데, 붉은 끈이 달린 금인은 저 멀리까지 빛납니다. 여러 나라와 예를 갖추고자 하여 귀 국과 외교를 맺었습니다. 해마다 조건하는데 오고 가는 배가 잇닿았습니다. 그러나 목재를 채벌했는데, 토질이 안 좋아 목재가 크게 자라지 못해 작은 배로 바다를 항해하니 파도에 휩쓸리거나 위태롭습니다. 또는 바다에 나아가서 조심하지 않으면, 재난을 만나서 이롭게도 되고 해롭게도 됩니다. 비록 훌륭한 교화를 기리더라도 막혀서 어쩔 수가 없었습니다.

우호를 위해서 옛날처럼 다행히 왕래를 허락하신즉 사신을 보내는 것이 비록 두 해가 안 되었는데 이로써 한정했습니다.

식년式年을 영원한 규칙으로 했는데 그 간격의 길고 짧음은 판결을 받게 되었다고 했는데, 정해진 사신이 오는 가을에 가는 것을 허락해 주시기를 바랍니다. 그렇다면 덕성스런 이웃으로 항상 있을 것입니다. 그러나 일은 바라는 바와 다른즉 제대로 되지 않아도 그에 연연하지 않겠습니다.

보내준 두꺼운 비단 20필, 명주 20필, 실 200구 그리고 솜 200둔은 수량대로 잘 받았습니다. 지금 조신광악朝臣廣岳 등이 사신의 일이 대략 끝나서 때를 기다려 곧 사람을 차출하여서 사신을 보내 새로운 명을 받들고자 합니다. 사신들은 본국의 뜻을 받들지 못하겠다고 사양해서 머물게 했습니다. 그들의 뜻대로 삼가 돌아가게 합니다. 올리는 토산품을 별서에 다 써두었습니다. 제 스스로 비천함을 알아서 부끄러움을 이기지 못하겠습니다.

강왕이 일본국 환무천황에게 준 편지 3

숭린은 아룁니다. 사신 하만賀萬(즉 하무賀茂다) 등이 왔습니다. 주신 글과 물품은 두꺼운 비단과 명주가 각각 30필, 실 200구 그리고 솜 300둔을 수량대로 받았습니다. 매우 기뻤습니다.

비록 다시 큰 바다가 하늘 가득하고 파도가 해를 삼키고 길이 끊임이 없고 구름과 노을을 바라보는데 동남풍이 돛을 밀어서 옛 포구에 다다릅니다. 높은 언덕에서 날씨를 미리 헤아려 양식은 떨어지지 않았습니다. 어찌 피차간에 알맞게 된 것이요, 인간의 도리와 부합한 것이며, 남북의 의리가 감응한 것이니 특별히 천심을 얻은 것이 아니겠습니까?

숭린은 옛 봉작을 잇고 선조의 업을 이어 받았습니다. 멀리서 격려해 주셔서 비로소 평상시처럼 수양합니다. 천황께서는 덕음을 내려 주시고 거듭 사신을 보내서 은혜를 베푸시고 위로함이 간절하신데, 하물며 다시 글을 써주셔 전에 요청한 바를 들어주시고 선물을 빠뜨리지 않으셨습니다. 한 해 동안 서신이 뜸할 때에 기꺼이 잘못을 면하게 하셨습니다. 엄호하시는 바가 다른 때와 다릅니다.

한낱 띠배로 항해하기 어려움을 삼가 깨우친 바를 잘 압니다. 그러나 사신이 오감을 여섯 해로 한정해서 더딘 것이 아닌가 하여 삼가 꺼려합니다. 다시 좋은 계책을 주시어 모두 돌려볼 수 있게 답을 주십시오. 그 기한을 제가 처음 마음먹었던 대로 해주십시오. 그러면 곧 제가 귀하의 풍모를 따르는 마음이 식지 않을 것입니다. 열심히 사모하여 고 씨高氏[고구려를 의미]의 발자취를 따를 수가 있습니다.

또한 글 가운데 허락한 바가 비록 많고 적음에 한정되지 않고 요행히 사신의 뜻에 따라서 일행의 숫자를 헤아려 물자를 주고, 위군대장군衛軍大將軍 좌웅위도장左熊衛都將 상주국上柱國 개국자開國子 대창태大昌泰 등을 차출하여 사신 일행에 충원해서 귀국에 보냅니다. 아울러 별서에 쓴 것처럼 선물을 부칩니다. 토산품에 기이한 것이 없어서 부끄럽습니다.

강왕이 일본국 환무천황에게 준 편지 4

숭린은 아룁니다. 사신 선백船白 등이 왔습니다. 찾아가 안부를 물었습니다. 아울러 보낸 신물 명주와 두꺼운 비단 각각 30필, 실 200구, 솜 300둔(일부 빠짐)을 수량대로 받았습니다. 은혜가 뼈에 사무칩니다. 보내신 두터운 정에 정말로 기쁩니다. 그 은혜가 두터움을 알겠습니다.

지난해에 서신에 덧붙여서 오고 가는 햇수를 정해 달라고 요청했습니다. 지난해에 또 서신을 받아 보니 드디어 여섯 해를 한계로 했습니다. 숭린은 서신을 올려 간절히 그 기간을 줄이고자 했습니다. 천황께서 의견을 꺾으시고 요청에 따르시고, 광주리에 담아 가져간 선물이 비록 진기한 것이 없는데도 특별히 윤허함을 보이셨으니 제 기쁨이야말로 어찌 끝이 있겠습니까?

요즈음에 천자께서 우리에게 글을 내려 주시고, 사신이 조정에 와서 훌륭하신 말씀을 더해 주시니 은총이 더 빼어납니다. 재상의 지위에 오르는 은혜와 대우를 받으니 오직 저희의 못남을 돌아보며 특별히 비호해 주시는 데 감사를 드립니다. 사신 대창태 등이 오직 마주 대하는 데만 힘쓰고 그 명을 전달할 수가 없는데도 용납하시니 위로가 배나 되었습니다.

그러나 이번 가을이 장차 저무니 서늘한 바람에 멀리로 손님이 돌아가려고 합니다. 적당한 때가 되면 머뭇거리지 않고 돌아가도록 허락했습니다. 서로 송별하는 것이 마땅하나 정한 날이 안 되어서 감히 함께 가지 못합니다.

삼가 돌아가는 사신에게 물건을 보내는데 이를 별서에 다 써 두었습니다.

발해의 후예

정안국定安國은 원래 마한馬韓*의 한 종족이다. 마한이 거란에게 공파되자 그 서쪽 변방을 지켰다.

송나라 태조 개보開寶 3년|970|에 그 임금인 열만화烈萬華가 여진의 사신을 통해서 표문表文을 올리고 담비 가죽 옷을 바쳤다.

태종 태평흥국太平興國 6년|981|에 또 여진의 사신을 통하여 표문을 올려서 다음과 같이 말했다.

"정안국의 임금 오현명烏玄明이 아룁니다. 삼가 성스러운 임금님의 치세를 맞았습니다. 천지의 은혜를 입어서 이맥夷貊의 습속을 어루만져 줍니다. 저 오현명은 참으로 기쁘고 감격해서 머리를 숙이고 또 숙입니다. 저는 본래 고구려 옛터에 발해의 유예遺裔를 거느려 사방을 지킨 지 여러 해가 되었습니다. 엄청난 큰 덕을 우러러보나 침략을 당해서 변방에는 은택이 없습니

* 마한 고구려를 칭하기도 하지만 여기서는 고구려의 후예 국가라는 의미로 발해를 가리킨다.

다. 각각 자신의 처지에서 본성을 따르는데, 근년에 거란이 자신의 강포함을 믿고서 국경을 쳐들어와 성을 부수고 인민을 노략질하고 포로로 잡아갔습니다. 저의 할아버지와 아버지는 절개를 지키셔서 항복하지 않고 무리와 더불어 피난해서 겨우 살아남아 지금에 이르렀습니다.

그런데 부여부가 저번에 거란을 등지고 우리 나라로 귀부했습니다. 이로 인해 재앙이 닥쳐올 텐데 어떤 재앙도 이보다 더 크지는 않을 것입니다. 마땅히 천조天朝의 밀서를 받고 승병勝兵을 거느려 이들을 치는 것을 도와주신다면 반드시 적들이 감히 명령을 어기지 않도록 알리고자 합니다. 저 오현명은 간절히 바라고서 고개를 숙이고 또 숙입니다."

원흥元興 6년[정확히 알 수가 없대] 10월 어느 날에 정안국 임금 오현명이 성황제聖皇帝[정확히 알 수가 없대]에게 표문을 올렸다. 태종이 더욱 잘 대답해 줬다. 이때에 송나라가 거란을 토벌하려고 했기 때문이다.

단공端拱 2년[989]에 그 왕자가 여진의 사신을 통해서 깃털로 장식된 소리가 나는 화살촉과 말을 바쳤다.

순화淳化 2년[991]에 그 왕자 태원太元이 여진의 사신을 통해서 표문을 바쳤다. 그 뒤로는 오지 않았다.

고려 현종顯宗 9년[1018]에 정안국 사람 골수骨須가 도망쳐 왔다.

연보

유득공 |1748~1807|

자字	혜풍惠風, 혜보惠甫
호號	영재泠齋, 영암 泠菴, 가상루歌商樓, 고운당古芸堂, 고운거사古芸居士, 은휘당恩暉堂
저서	『경도잡지京都雜誌』, 『사군지四郡志』

1748 |영조24| 11월 5일 유득공 출생.

1752 |영조28| 유득공의 부친 유춘 사망.
                      *정조가 9월에 출생.

1754 |영조30| 유득공이 남양 백곡의 외가로 감.

1758 |영조34| 유득공이 외가에서 서울로 돌아옴.

1762 |영조38| *사도세자가 죽음.

1769 |영조45| 유득공, 박지원, 이덕무가 개경과 서경을 여행.
                      *이덕무가 서상수의 도움으로 서재 청장서옥靑莊書屋을 지음.
                      *유형원의 『반계수록』이 출판됨.

1770 |영조46| 유득공의 조부 유한상이 사망.
                      유득공의 큰아들 유본학이 태어남.

1772 |영조48| 유득공이 『동시맹東詩萌』을 저술.
                      유득공이 늦가을에 혼자서 공주로 유람을 감.
                      *박지원이 가족들을 석마향으로 보내고 혼자서 전의감동에서 지내면서 홍대용, 정철조, 이서구 등과 자주 만나서 토론.

1773 |영조49| 유득공이 생원시에 합격.

봄에 유득공, 박지원, 이덕무가 평양으로 유람.
*겨울에 이덕무가 상제에서 장원.
*이서구가 문과에 급제.

1774 |영조50| 유득공이 공주에 감.
*이덕무가 증광초시에 합격.
*홍대용이 음직을 받음.
*홍대용이 『주해수용』과 『의산문답』을 저술.
이서구가 승문원 정자에 임명.

1776 |영조52| 신한문사가의 『한객건연집』이 청에 소개됨.
*정조가 즉위.
*이덕무가 용문산에 있는 원중거를 방문.
*홍대용이 사헌부감찰이 됨.

1777 |정조1| 유득공의 둘째 아들 유본예가 출생.
*이덕무가 『기년아람紀年兒覽』을 중수.
*홍대용이 태인 현감이 됨.
서얼의 문무관직으로 진출을 요구하는 서얼소통운동의 결과로 정조가 서얼소통절목을 반포.

1778 |정조2| 유득공이 『이십일도회고시』를 지음.
유득공이 7월에 심양에 감.
*이덕무, 박제가가 채제공을 따라 연행을 함.
*9월에 박제가는 『북학의』를 탈고.

1779 |정조3| 유득공과 그의 친우들이 검서관으로 발탁.
*이덕무가 『규장전서奎章全書』를 편교.

| 1783 |정조7| | 유득공은 금정찰방에서 제용감주부로 옮김.
*홍대용이 사망.
*박지원의 『열하일기』가 유행.

| 1784 |정조8| | 유득공이 『발해고』를 씀.
*이덕무는 『규장각지奎章閣志』를 봉서함.

| 1785 |정조9| | 유득공이 『이십일도회고시』에 다시 제문을 씀.
유득공이 군자감판관이 됨.
*『대전통편』이 완성.
*형조에서 천주교도들을 적발.

| 1786 |정조10| | 유득공은 포천 현감이 됨.
*이덕무가 겸검서가 됨.
*박지원이 선공감감역이 됨.
*박제가가 안질로 검서관직을 떠남.

| 1788 |정조12| | 유득공의 숙부 유련이 사망.
유득공은 양근 군수로 재직.

| 1790 |정조14| | 유득공이 광흥창주부에서 사도사주부로 옮김.
유득공은 박제가와 함께 연행을 함.
*순조가 출생.

| 1791 |정조15| | 유득공이 별제에서 제용감판관으로 옮김.

| 1792 |정조16| | 유득공이 『사군지』를 지음.
유득공이 『이십일도회고시』에 제문을 씀.
유득공이 『심양일기』 9권을 탐독.

| | *이덕무가 『규장전운』을 편수.
         *한문 문장을 정통적 고문으로 바꾸자고 주장했던 문체반정이 일어남.

1792 |정조17| 유득공이 가평군수를 지냄.
         광흥창 재직 시절의 사소한 부정이 드러남.
         *1월 25일에 53세의 이덕무가 사망.

1794 |정조18| 사서삼경의 인행印行을 마침.
         가평군수로서 화악華岳에서 기우제를 지냄.
         『난양록』의 서문을 씀.

1795 |정조19| 『정리통고도설整理通考圖說』을 지어 임금에게 바침.
         6월 2일에 지녀 옥안으로 해임.
         『경도잡지』를 집필.
         6월 22일에 검서관으로 다시 임명.

1796 |정조20| 8월 15일에 통정通政에 올라 18일에 오위장이 됨.
         7월 15일에 유본학이 검서관이 됨.

1797 |정조21| 6월 12일에 『육주약선陸奏約選』을 찬진.

1798 |정조22| 10월 15일에 나려고비羅麗古碑의 탁본을 봄.
         12월 24일 파직.
         *영평현령 박제가가 『진북학의소』를 올림.

1799 |정조23| 7월 3일 『홍재전서』 120권을 교준함.
         7월 27일에 검서관을 영구히 겸대하게 됨.
         *박지원이 『과농소초』를 지어 올림.

1800 |정조24| 풍천도호부사가 됨.

*6월에 정조가 사망.

1801 |순조1| 1 1월 21일에 풍천부사에서 물러나 한거함.
주자서 선본을 구하러 연행함.
8월에 모친 남양홍씨가 사망.

1807 |순조7| 9월 1일에 사망.